PROFIL FORMATION
Collection dirigée par Georges Décote

LE COMPTE RENDU DE LECTURE

DE L'ANALYSE À LA CRÉATIVITÉ

par Christine GÉRAY

professeur au lycée d'Argenteuil

HATIER

ISBN 2-218-**03953**-2

Sommaire

Note : Tous les livres cités existent dans l'une des collections suivantes : Livre de Poche, J'ai Lu, Folio, 10/18. Sauf *Lettre à un enfant jamais né,* Éd. Flammarion.

Introduction

Les parents s'inquiètent : « Mon fils ne lit jamais ! » - Les maîtres s'indignent et se découragent : « Les élèves ne lisent plus ! A quoi bon enseigner le français dans de telles conditions ? » - Certains s'excusent avec une pointe de honte : « Je n'ai pas le temps de lire » - D'autres tentent de se justifier sans chercher à convaincre : « A quoi bon lire à l'époque de l'audio-visuel ? »

Allons-nous connaître la civilisation de Fahrenheit 451[1] ?

Alors, une réaction s'amorce. Dans certains clubs de vacances, on essaye de mettre le livre à l'honneur, en proposant des veillées où un conteur révèle les attraits de tel ouvrage, en le mettant en récit. La même entreprise trouve sa place dans les colonies de vacances, les centres de loisirs, les maisons de la culture : une soirée aux chandelles, parfois devant une cheminée ou autour d'un feu de la Saint-Jean, une soirée au cours de laquelle on « raconte » un beau livre est un instant inoubliable ; « Elle sait si bien conter, Nicole ; elle me donne envie de lire ce livre. Moi aussi, j'aimerais bien être conteur... » Les psychologues constatent : « Les enfants n'aiment plus lire à cause de la télévision, mais aussi parce qu'il y a de moins en moins de grand-mères qui savent raconter les histoires. » Certes, les grand-mères ne veulent plus montrer leurs cheveux blancs comme autrefois, mais elles sont toutes disposées à s'entraîner à conter des histoires comme leurs propres aïeules.

A l'école, les maîtres réagissent et, de plus en plus, « la fiche de lecture », « le résumé de tel ouvrage », « l'analyse d'un

1. Ouvrage de science-fiction de Ray Bradbury qui évoque la vie future de l'homme privé du livre (il a inspiré un film à François Truffaut).

thème ou d'un personnage » appartenant à un ouvrage déterminé, figurent dans le cahier de texte... Ces termes sont actuellement rarement utilisés pour désigner les épreuves de français caractéristiques de nos concours et de nos examens ; je me permets pourtant d'être convaincue, après bon nombre d'années d'enseignement et de recherche pédagogique, que certains exercices qui figurent dans ce fascicule et dépendent du compte rendu de lecture, ont un avenir assuré en tant qu'exercices d'expression et épreuve de français, en toutes circonstances où l'on souhaite qu'élèves, étudiants ou candidats s'expriment d'une façon précise et caractéristique, à partir d'un livre déterminé. Je pense sincèrement que, parallèlement à certains thèmes suggérés par l'actualité ou liés à la vie de l'homme, une liste d'auteurs et d'ouvrages imposés retrouvera un jour sa place dans les programmes de nombreux concours et examens.

« Le compte rendu de lecture » est le terme le plus général que nous avons trouvé pour grouper les différents exercices oraux ou écrits dont l'objectif est de s'exprimer d'une façon caractéristique, au service d'une intention précise, à partir de la lecture d'un ouvrage déterminé. Ces travaux se divisent en quatre catégories essentielles : le résumé - l'analyse - l'expression du jugement personnel - et le compte rendu de lecture composé qui est l'aboutissement des trois exercices précédents.

L'objectif et la définition de ces travaux sont précisés au début du chapitre qui leur est consacré ; leur place à l'oral ou à l'écrit est alors indiquée, de même que leur valeur en tant que test d'aptitude, exercice d'expression et de communication. Nous avons sciemment réservé une place importante aux exemples, exercices d'entraînement et suggestions pour leur réalisation, parfois aux dépens de la méthodologie : au cours de notre enseignement, nous avons souvent constaté que la distribution à chaque élève du meilleur devoir de la classe — polycopié en « x » exemplaires — lorsqu'il correspondait à la parfaite application d'une méthode rigoureuse au service d'un exercice précis (commentaire composé, contraction de texte, résumé de tel livre, analyse d'un thème de tel ouvrage...), était plus efficace que nos propres conseils, nos critiques et nos théories.

Néanmoins, chaque chapitre de cet ouvrage se termine par un bilan des procédés exploités dans les exemples proposés. Il s'agit là des principales caractéristiques de l'exercice exploité, et non pas d'un commentaire détaillé de toutes les recettes utilisées : libre à chaque lecteur de les apprécier lui-même à travers l'observation des exemples proposés, de les essayer à son tour, et de les améliorer.

Parallèlement à ces formes traditionnelles du « compte rendu de lecture », nous proposons quelques exercices d'adaptation et de créativité à partir du livre : « le récit complet ou partiel d'une œuvre romanesque » et « le slogan du livre » que nous avons groupés sous le titre : « invitation à la lecture », puis « l'adaptation d'une œuvre dramatique » qui concerne le chapitre « invitation au théâtre ». Nous justifions l'objectif de cette entreprise dans les paragraphes qui lui sont consacrés[1].

1. Nous avons sciemment utilisé, parfois, le même ouvrage pour des exercices différents afin de souligner la technique qui distingue ces exercices l'un de l'autre. Le contenu des ouvrages qui sont « analysés » chap. 3 ou « jugés » chap. 4, est caractérisé soit par un résumé court chap. 1, soit par un résumé long chap. 2, soit par un slogan chap. 5, au service des personnes qui n'ont pas lu le livre concerné. Une exception : l'analyse d'*Alcools* qui est un recueil poétique.

Le résumé court 1

- Exercice oral ou écrit.
- Tous niveaux.
- Rôle d'introduction : doit précéder toute analyse ou expression du jugement personnel.
- Entraînement à la synthèse et à la caractérisation.

OBJECTIF ET DÉFINITION

Il consiste à évoquer et à caractériser, en quelques phrases, le thème essentiel de l'ouvrage concerné — il a souvent un rôle d'introduction : il devrait toujours précéder l'analyse d'un thème ou d'un personnage (cf. plus loin, p. 23) et l'expression du jugement personnel (cf. plus loin, p. 33).

C'est un exercice d'observation et de choix : il s'agit de cerner l'essentiel du livre, d'éliminer les anecdotes accessoires et les personnages secondaires.

C'est un exercice de caractérisation : l'aspect le plus important du livre, dont le point de départ peut être un personnage, un thème ou une action, doit être défini par ses principales dimensions, sa ligne évolutive à travers l'ouvrage, son rôle et sa place dans le livre, sa valeur symbolique s'il en a une.

C'est un exercice de synthèse utile à ceux qui éprouvent des difficultés à s'exprimer sommairement. On peut, d'ailleurs, limiter le nombre de mots ou le nombre de lignes qui sera utilisé pour sa rédaction, afin d'en souligner le caractère minutieux et précis. Nous proposons ici des exemples d'une dizaine de lignes, et à titre d'entraînement, nous invitons le lecteur de notre ouvrage à réduire ces exemples à deux ou trois lignes (nous proposons un corrigé de ce travail, p. 73).

La longueur du résumé ne doit jamais être calculée en fonction du nombre de pages et de la complexité du livre concerné. Retenons seulement qu'il est plus facile de présenter en quelques lignes le thème principal d'un ouvrage de deux cents pages dans lequel évoluent quatre personnages, que l'essentiel d'un livre en six volumes, qui nous fait revivre en détails les aventures riches en péripéties d'une dizaine de personnes. Le choix de l'œuvre à résumer dépend du niveau de l'élève ou de l'étudiant.

Le résumé court peut se pratiquer à tous les niveaux. Dans la mesure où il sert d'introduction à l'analyse ou à l'étude critique du livre (dans le cadre de l'exposé ou de la rédaction), nous le conseillons surtout à partir de la troisième et au-delà du lycée, pour ceux qui font des études de français au service de leur vie professionnelle. Il peut se pratiquer dans les classes du premier cycle, en tant qu'exercice d'expression, dans le cadre des travaux dirigés.

En tant que communication, le résumé court remet en mémoire le livre s'il a déjà été lu, ou invite le lecteur ou l'auditeur à le découvrir par une lecture personnelle.

EXEMPLES

1. Bel-Ami de Maupassant.

A la fin du dix-neuvième siècle, Georges Duroy rencontre son ami Forestier, rédacteur à « La vie française » ; celui-ci l'incite à tenter sa chance dans le journalisme ; il lui propose de le présenter à Walter, le directeur du journal. Après quelques échecs, une ou deux humiliations, l'ascension professionnelle et sociale de Georges Duroy sera remarquable, grâce à son ambition, à sa spéculation, à son absence de scrupules, et surtout grâce à son immense pouvoir de séduction : les femmes l'appellent *Bel-Ami.*

2. *Le vieil homme et la mer* d'Hemingway.

Santiago, un vieux marin, n'a pas pêché un seul poisson en quatre vingt quatre jours. Un gamin : Manolin, l'aide à rester confiant. Un soir, Santiago part en mer. Un espadon plus gros que sa barque s'attaque à ses appâts. Pendant plusieurs jours et plusieurs nuits, Santiago lutte pour ramener à terre l'énorme poisson ; il est attaqué par les requins. Le vieil homme rentre au port avec la plus grande carcasse d'espadon qu'on ait jamais vue.

3. *La peau de chagrin* de Balzac.

Le jeune Raphaël de Valentin perd au jeu ses dernières ressources ; il songe au suicide. Il découvre chez un antiquaire un talisman : « une peau de chagrin ». Raphaël aime la débauche, les fêtes, les aventures amoureuses ; sa peau de chagrin rétrécit au rythme de ses plaisirs ; elle symbolise aussi sa condamnation à mort : Raphaël disparaît en même temps que son talisman.

4. *Le père Goriot* de Balzac.

A Paris, au dix-neuvième siècle, dans la sordide pension de famille de Madame Vauquer, le père Goriot vit misérablement, ruiné et abandonné par ses deux filles qu'il aime avec passion. Un étudiant, Rastignac, sert parfois d'intermédiaire entre le vieillard et ses filles qui appartiennent maintenant à la haute société parisienne. Goriot meurt lamentablement en présence de Rastignac (ses filles ne se sont pas dérangées pour assister à son agonie). Rastignac, à la fois révolté et ambitieux, partira, sans scrupules, à la conquête de Paris.

5. *Madame Bovary* de Flaubert.

Emma Rouault épouse un médecin de campagne, Charles Bovary. Sa nature rêveuse et son imagination romanesque l'empêchent de s'épanouir dans la réalité ; le milieu des petits-bourgeois de province auquel elle appartient lui est désagréable, puis insupportable. Emma Bovary se grise occasionnellement de parures et de fêtes, elle cherche à s'exalter dans des aventures sentimentales qui échouent ; elle ruine son mari et finit par se suicider.

6. *Les misérables* de Victor Hugo.

Un ancien bagnard : « un misérable » à la forte personnalité, Jean Valjean, mène à présent une vie essentiellement honnête et généreuse ; son ascension morale s'accompagne de réussite sociale. Pour échapper à la poursuite du policier Javert, Jean Valjean doit à plusieurs reprises changer de milieu, de lieu, d'identité (il s'appelle tour à tour Monsieur Madeleine et Fauchelevent). Il se consacre à aider « les misérables » (les pauvres, les malchanceux, les mal aimés). Il s'est particulièrement attaché à sa fille adoptive Cosette. Jean Valjean mourra heureux lorsque le bonheur de Cosette sera assuré.

7. *Élise ou la vraie vie* de Claire Etcherelli.

Élise quitte la province, pour rejoindre à Paris son frère Lucien : il travaille à la chaîne dans l'industrie automobile. Élise se fait embaucher à son tour ; elle nous raconte les difficultés du travail à la chaîne : la dégradation physique, morale, intellectuelle qui conduit progressivement à l'abêtissement des ouvriers. *Élise ou la vraie vie* est également une réflexion sur le racisme en France, pendant la guerre d'Algérie. Élise s'éprend d'un de ses compagnons de travail, un Arabe : « Arezki » ; Arezki sera finalement arrêté, Élise ne le reverra plus.

BILAN DES PROCÉDÉS

Lorsque le nombre de mots n'est pas imposé, quel que soit le livre choisi (même s'il s'agit d'un ouvrage en plusieurs volumes), ne pas dépasser une dizaine de lignes.

Utiliser presque exclusivement des phrases indépendantes.

Veiller à bien délimiter le thème essentiel de l'ouvrage et ne pas évoquer les éléments secondaires.

Si l'on impose une présentation du livre en deux ou trois lignes, le définir par SA caractéristique dominante sans hésiter à lui donner une seule dimension (cf. notre exercice d'entraînement ci-dessous et notre corrigé, p. 73).

Si l'on préfère une présentation du livre en une dizaine de lignes selon la formule que nous avons choisie ici, définir le thème principal par SES caractéristiques essentielles en le faisant évoluer au rythme de l'intrigue.

EXERCICE D'ENTRAÎNEMENT

Réduire à deux ou trois lignes « le résumé court » des œuvres suivantes : *Bel-Ami* de Maupassant — *Le vieil homme et la mer* d'Hemingway — *La peau de chagrin* de Balzac — *Le père Goriot* de Balzac — *Les Misérables* de V. Hugo (cf. suggestions, p. 73).

2 Le résumé long

- Exercice oral ou écrit.
- Tous niveaux.
- Rédaction d'une page à une page et demie.
- Exposé oral de cinq à dix minutes.
- Bon exercice d'entraînement pour les débutants.

OBJECTIF ET DÉFINITION

Il consiste à déterminer l'évolution de l'intrigue, la personnalité et le rôle des principaux personnages du livre choisi en une à deux pages au service de l'écrit, en cinq à dix minutes dans le cadre d'un exposé oral.

C'est un exercice qui s'adresse surtout à des élèves débutants, pour s'entraîner à la rédaction à partir d'un livre, ou à l'expression orale en un temps court et limité.

Il est conseillé de le faire précéder de la liste des personnages principaux (à copier au tableau à l'oral) accompagnés de *leur* caractérisation essentielle (rôle dans l'intrigue, lien de parenté avec les autres, profession, éventuellement trait psychologique dominant. Ex. : Harpagon, *L'avare*) par souci de clarté et d'information.

C'est un exercice qui se suffit à lui-même et qui est trop long pour servir d'introduction à une analyse ; en conséquence, il ne doit pas être exclusivement au service de l'intrigue ; la personnalité des personnages principaux, la portée symbolique de certains thèmes, doivent y avoir leur place. L'atmosphère de tel roman policier doit être suggérée. L'intérêt documentaire de tel livre doit être précisé.

En tant qu'exercice d'expression, pour des élèves débutants, il est souhaitable de respecter la structure de l'œuvre choisie ; en revanche, des étudiants entraînés peuvent pratiquer le résumé analytique : il consiste à s'évader de la structure du livre, pour caractériser son contenu, en classant les éléments qui le constituent par ordre d'importance sans nécessairement respecter leur enchaînement chronologique (cf. exemple n° 3, p. 17).

En tant que communication, ce type de résumé doit renseigner le lecteur ou l'auditeur de façon précise, sur le contenu de l'œuvre choisie.

Par rapport aux autres exercices proposés dans notre ouvrage, le résumé long doit dégager et caractériser *les* dimensions essentielles du livre.

Le résumé court se propose de réduire l'ouvrage à *sa* principale dimension. Le récit, chap. 5, p. 46, est une *adaptation du* livre dont on résume et dont on exclut certains chapitres jugés secondaires, pour mettre en relief les détails et l'intérêt des moments les plus importants.

EXEMPLES

1. Moderato cantabile de M. Duras.

Les personnages principaux :
- Anne Desbaresdes : femme d'un riche industriel
- Chauvin : ancien employé des usines Desbaresdes.

Chaque vendredi, Anne Desbaresdes accompagne son jeune fils à sa leçon de piano. L'enfant joue mal, il n'aime pas le piano, il n'aime pas son professeur. « Moderato cantabile », crie celle-ci, mais l'enfant fait semblant de ne pas comprendre. Ce vendredi, précisément, l'enfant est particulièrement obstiné. Le professeur habite près d'un bistrot du port. Tout à coup le bruit de la mer est brisé par un long cri... Un peu plus tard, Anne Desbaresdes apprend qu'une femme a été assassinée dans le bistrot du port par son amant. (Anne Desbaresdes est l'épouse du plus riche industriel de la ville ; elle habite une immense propriété boulevard de la mer ; jusqu'à présent elle a mené une vie mondaine, bourgeoise, solitaire ; tous les après-midi elle promène son fils unique ou l'accompagne à sa leçon de piano.)

Dès le lendemain du crime, Anne Desbaresdes se rend sur les lieux, elle entre dans le bistrot, demande un verre de rouge qu'elle boit au comptoir ; elle envoie son fils jouer sur le trottoir. Anne réclame un autre verre de vin. Un homme la rejoint. Il s'appelle Chauvin ; c'est un ancien employé de l'entreprise Desbaresdes ; il a été renvoyé. Anne et Chauvin boivent du gros rouge parmi les ouvriers et devant la patronne qui tricote. Ils boivent beaucoup. Chauvin était là le jour du crime. Anne voudrait savoir : c'est sûrement un crime passionnel ; cette femme a été tuée par amour.

Maintenant, Anne Desbaresdes vient chaque après-midi boire du vin avec Chauvin ; parfois, ils se promènent ensuite sur le boulevard de la mer. L'enfant joue un peu plus loin. Anne Desbaresdes a besoin d'entendre Chauvin lui parler de cette femme tuée par son amant ; pour ressembler à cette femme, Anne Desbaresdes boit du vin. Chauvin lui fait des réponses vagues, brèves, qu'il invente sans doute, car lui a besoin qu'Anne Desbaresdes lui parle d'elle-même, de sa vie solitaire de riche bourgeoise dans sa grande propriété. Ils boivent de plus en plus, s'attablent, se regardent, se prennent la main, s'enivrent ; puis un jour : « Je voudrais que vous soyez morte » dit Chauvin. « C'est fait » dit Anne Desbaresdes.

(Le roman de Marguerite Duras s'arrête ici. Libre à nous d'imaginer le lendemain...)

2. *La faute de l'abbé Mouret* d'É. Zola.

Les personnages principaux :

- Serge Mouret : curé des Artaud.
- Désirée Mouret : sa sœur.
- La Teuse : sa servante.
- Frère Archangias : père jésuite.
- Albine : amie de Serge Mouret.

La faute de l'abbé Mouret est le cinquième roman de la série *Les Rougon-Macquart*. Il est formé de trois livres groupant dix-sept chapitres dans les deux premiers, et seize chapitres dans le troisième.

Le premier livre se situe aux Artaud, petit village de Provence, dont la cure a été confiée à l'abbé Mouret : il s'occupe de sa paroisse avec humanité, il habite avec la Teuse, sa servante et sa jeune sœur Désirée ; pendant ses prières, l'abbé Mouret s'exalte devant la Vierge jusqu'à l'extase ; il reçoit régulièrement la visite de Frère Archangias, un prêtre de formation jésuite, intransigeant avec autrui, rigoureux directeur de conscience. Frère Archangias voudrait gouverner la foi et la vie de l'abbé Mouret, superviser ses fonctions pastorales et apostoliques. A la fin de cette première partie, l'abbé Mouret est atteint d'une grave dépression nerveuse et pour le soigner, le docteur Pascal l'isole de la cure des Artaud et l'installe dans un domaine privé habité par une sorte de libre penseur, épicurien et naturiste : Jean Bernat, et sa nièce Albine élevée en toute liberté selon l'idéal philosophique de son oncle. Le domaine d'Albine et de Jean Bernat porte un nom symbolique : *Le Paradou*, car il est entouré d'un immense parc dont la végétation sauvage et luxuriante évoque le Paradis Terrestre. Ce merveilleux jardin servira de cadre au deuxième livre : là, Albine et Serge Mouret vivront une très belle histoire d'amour sous le signe de la communion avec la nature. Le Paradou est isolé du reste du monde par une haute muraille, mais celle-ci est percée d'une brèche qui permet à Frère Archangias d'observer l'idylle entre Albine et Serge. Dans le troisième livre, nous retrouvons l'abbé Mouret à la cure des Artaud : Frère Archangias l'a ramené sur le sentier de la foi et de la vertu. Albine abandonnée se suicide par asphyxie parmi les fleurs. Dorénavant, dans ses prières, l'abbé Mouret s'exaltera pour le Christ.

3. *L'étranger* d'A. Camus.

Le personnage principal, Meursault : « l'étranger » et le narrateur.

L'étranger est un roman écrit à la première personne. Le narrateur, Meursault, est un étrange personnage : lorsqu'il nous parle de ses préoccupations, de son travail, de ses rencontres, des événements qui pourraient être importants, il semble dépourvu de toute sensibilité, de toute curiosité, de tout élan. Meursault vit dans l'immédiat, il obéit aux exigences élémentaires de ses instincts et de ses sens, il pense que toutes les conditions se valent et il se détermine au gré du hasard. Meursault nous raconte ainsi comment il est devenu fortuitement le meurtrier d'un Arabe, sur une plage algérienne, sous un soleil brûlant ; puis il nous relate son procès ; plusieurs témoignages l'accablent : il a fait preuve, récemment, d'une totale indifférence à l'enterrement de sa mère ; il a vécu d'une façon parfaitement insouciante au cours des jours qui l'ont suivi ; un tel comportement est un signe de monstruosité morale. Les réponses de l'accusé Meursault sont, par ailleurs, déconcertantes, elles indisposent ses juges ; ils le condamnent à mort parce qu'il est « étranger » à notre morale, à nos mœurs, à notre sens de la grandeur, à la signification des valeurs.

4. *Jeux interdits* de F. Boyer.

Les personnages principaux :
- Paulette : une petite orpheline.
- Michel Dollé : un petit paysan.
- La famille Dollé : des fermiers.

En juin 1940, sur une route de France, pendant l'exode, les parents de Paulette sont tués à proximité du village de Saint-Faix. Paulette a 8 ans, elle quitte la foule des rescapés, et marche le long d'un ruisseau en pleurant ; elle serre contre elle le cadavre de son petit chien. Michel Dollé, un petit fermier d'une dizaine d'années, garde les vaches ; il aperçoit Paulette et l'invite à venir manger et dormir à la ferme ; elle accepte de laisser provisoirement son petit chien mort au bord du ruisseau. Le lendemain, Paulette retourne sur les lieux pour enterrer son animal ; dorénavant Paulette, hébergée par les Dollé, et Michel vont consacrer leurs loisirs à d'étranges amusements justifiés par le titre : *Jeux interdits :* pour les enterrer et leur faire de jolies tombes, ils ramassent les animaux et les insectes morts. (Michel en tue parfois, mais sans cruauté, ce sont de petites bêtes : des taupes, des souris, des fourmis...) Tandis que Michel fait preuve d'ingéniosité pour fabriquer des croix, décorer les tombes, et plaire ainsi à Paulette, nous assistons périodiquement aux querelles de clocher qui opposent les deux fermes voisines : les « Ganard » et les « Dollé ». Le jour de l'enterrement de Georges Dollé, tué accidentellement par un cheval emballé, Michel, à la demande de Paulette, vole les croix du corbillard pour « leurs tombes » ;

puis certaines croix du cimetière communal, à leur tour, disparaissent et provoquent une violente querelle entre les adultes. Cette quête des croix entraîne les enfants à un acte dangereux ; l'amitié entre Paulette et Michel, leurs jeux interdits se terminent tragiquement.

5. *L'exécution* de R. Badinter.

Les personnages principaux :
- Robert Badinter : l'auteur et l'avocat de Bontemps.
- Roger Bontemps } les inculpés.
- Claude Buffet }

Le 29 juin 1972, la cour d'Assises de Troyes condamne à la peine de mort Claude Buffet et Roger Bontemps, tous deux accusés du meurtre d'un gardien de prison et d'une infirmière tués au cours d'une mutinerie à la prison de Clairvaux où Bontemps et Buffet étaient incarcérés.

Voici le verdict :

« Bontemps est-il coupable d'avoir, dans les mêmes circonstances de temps et de lieu, donné la mort à madame... ? Réponse : « Non » (à la majorité des voix). Buffet a-t-il donné la mort à madame... ? « Oui ». Bontemps est-il complice de Buffet ? « Oui ». Existe-t-il des circonstances atténuantes pour Buffet ? « Non ». Buffet est condamné à mort. Existe-t-il des circonstances atténuantes pour Bontemps ? « Non » (à la majorité des voix). Bontemps est condamné à mort ».

L'avocat de Roger Bontemps, Robert Badinter (auteur de cet ouvrage), est convaincu de la non-culpabilité de Bontemps dans l'assassinat de l'infirmière ; certes, Bontemps est coupable à d'autres titres ; en l'occurrence, il est complice de Buffet, mais ce n'est pas un meurtrier ; or, il est condamné à mort, alors qu'il n'a pas tué.

Dans *L'exécution,* Robert Badinter nous fait vivre le déroulement du procès, au rythme des séances et des différents témoignages, mais il nous invite également à partager ses sentiments en tant qu'avocat chargé de la défense ; il nous suggère les rapports affectifs qui existent entre l'avocat et l'accusé ; il nous explique la solitude de l'avocat par rapport aux autres : la cour, les jurés, la population. *L'exécution* est en même temps le procès de la « Justice des hommes » et un cri de révolte contre la peine de mort.

6. *La dentellière* de P. Lainé.

Les personnages principaux :
- Pomme ou la dentellière : une jeune coiffeuse.
- Aimery de Béligné : son amant.

La dentellière pourrait symboliser une jeune fille dont l'auteur nous dit : « Il n'y a peut-être pas d'écriture assez fine et délice pour un être si fragile. C'est dans la transparence même de son ouvrage qu'il fallait faire apparaître « la dentellière » ; dans les jours entre les fils : elle aurait déposé son âme, quelque chose d'infiniment simple, au bout de ses doigts ; moins qu'une rosée, une pure transparence. »

En fait, cette jeune fille, l'héroïne de ce roman, s'appelle « Pomme » parce qu'elle a les joues rondes et lisses et aussi d'autres rondeurs ; et c'est précisément à cause de ces rondeurs que Pomme s'oppose à la jeune vamp actuelle, plate et longue comme un garçon (telle est son amie Marylène), et ce pouvoir d'être différente des autres en fait une chose infime et légère comme de la dentelle, mais aussi faible et inadaptée à notre vie. En fait, la mère de Pomme se prostitue avant de devenir crémière ; la jeune fille est coiffeuse et travaille avec Marylène qui l'emmène en vacances à Cabourg ; là, Pomme rencontre Aimery de Béligné, un étudiant, peut-être une sorte de noble déchu. Il veut devenir conservateur de musée. Pomme et Aimery ont une aventure à Cabourg, puis ils vivent ensemble à Paris : Aimery étudie, Pomme fait le ménage ; tous les deux représentent peut-être le couple moderne du prince et de la bergère. En fait, Aimery de Béligné pense tout haut et s'écoute parler, il fait de brillants projets ; bientôt, il choisit et pense à la place de Pomme. La jeune fille est discrète et laborieuse, elle n'exige rien : elle ne pose jamais de questions, ne se laisse jamais étonner ni surprendre par les choses. Un jour, Aimery de Béligné se sent prisonnier de cette humilité infinie ; il s'aperçoit que quelque chose empêche Pomme d'être intelligente, il ne supporte plus de l'entendre se laver les dents ; il réalise que l'inexistence de Pomme a pour lui un poids formidable ; il l'abandonne ; Pomme retourne chez sa mère : la prostituée devenue crémière ; Pomme ne mange plus ; puis, pour dissimuler sa méprise, elle se réfugie dans la folie. L'auteur, « Aimery de Béligné », va lui rendre visite à l'hôpital psychiatrique.

7. *Lettre à un enfant jamais né* d'O. Fallaci.

Le personnage principal :
l'auteur : Oriana Fallaci : journaliste italienne.

Oriana Fallaci est une journaliste italienne mondialement connue, et vivement appréciée pour son talent et ses compétences professionnelles. Célibataire, elle se trouve enceinte et refuse de se faire avorter : elle gardera son enfant. Le titre : *Lettre à un enfant jamais né* résume à lui seul le contenu du livre. Dès la confirmation de sa grossesse l'auteur s'adresse à l'enfant qu'elle porte en elle : elle imagine son développement et le « lui » décrit au rythme des jours, avec une fraîcheur toute poétique ; elle lui raconte quelques anecdotes de sa propre enfance qui pourraient être une leçon de vie ; elle le met en garde contre certains dangers, elle lui confie ses réflexions, ses peines, sa révolte, son enthousiasme, sa conception du monde, de la vie, de l'homme, de la femme...

Malheureusement, sa grossesse sera interrompue : le fœtus « mourra » et Oriana Fallaci sera partiellement coupable de cet accident (sa grossesse ne se déroule pas tout à fait normalement, elle accepte de rester allongée quelque temps ; puis elle se révolte, elle éprouve le besoin de reprendre sa vie active, elle se soumet aux impératifs de sa profession). Malgré l'opposition de son médecin, elle part faire un reportage à l'étranger ; le fœtus, malmené par les chaos d'une mauvaise route, ne donnera pas naissance à l'enfant.

BILAN DES PROCÉDÉS

- Rendre compte dans la mesure du possible de l'évolution du livre dans le temps et dans l'espace. Ex. 1 et 4.
- Souligner parfois certaines étapes du livre en les reclassant par ordre d'importance (procédé du résumé analytique). Ex. 3.
- Caractériser avec précision les personnages principaux en tenant compte de leur rôle, de leurs caractéristiques psychologiques, morales, physiques ou sociales essentielles sans toutefois les analyser. Ex. 3.

- Pour donner un aperçu de l'atmosphère du livre, utiliser parfois la citation courte (il faut toutefois l'exploiter avec discrimination et avec modération, ne pas perdre de vue que le résumé est un travail de synthèse). Ex. 5 et 6.
- User largement de la ponctuation et de toutes ses ressources. Il faut songer à exploiter la valeur affective ou explicite de certains signes (: — ! — ...) qui peuvent remplacer toute une expression. Ex. 5.
- Par souci de clarté, par esprit de synthèse, utiliser la phrase courte. Préférer le seul mot juste ou expressif à l'énumération de termes au service des nuances. Ex. 7.
- Pour rendre compte de la vie du récit, ou camper un personnage, employer parfois le style direct, mais avec modération. Ex. 5.
- Ne pas citer les anecdotes accessoires et les personnages secondaires, mais retenir les détails qui ont une grande valeur symbolique (cf. la signification des jeux). Ex. 4.

EXERCICE D'ENTRAÎNEMENT

Rédigez un résumé long de *Madame Bovary* de Gustave Flaubert (cf. suggestions, p. 74).

Analyse d'un thème ou d'un personnage

3

- Exercice oral ou écrit.
- Niveau second cycle, étudiants, formation permanente.
- Rédaction de deux à quatre pages.
- Exposé oral d'une demi-heure à trois quarts d'heure.

OBJECTIF ET DÉFINITION

L'analyse d'un thème ou d'un personnage qui occupe une place importante dans tel livre, consiste à en déterminer avec précision les principales dimensions et à les justifier : il faut savoir les repérer, les caractériser, évaluer leur rôle, leur place, leur évolution, trouver des nuances, noter certaines ambiguïtés, réfléchir parfois à leur valeur symbolique, en démontrer l'authenticité par un jeu de références et de citations ; et enfin, les classer, les grouper pour éviter les répétitions, structurer l'analyse.

La première étape de cet exercice est réservée à une lecture minutieuse de l'œuvre choisie, au cours de laquelle on remarque les chapitres, les pages, les passages, les titres (lorsqu'il s'agit d'un recueil poétique) qui concernent le thème ou le personnage en question (on utilise généralement des languettes de papier pour ces différents repères). Ce travail d'observation, lorsqu'on le veut complet et minutieux, doit être suivi d'une mise en fiches qui choisit, classe, détermine les caractéristiques du sujet, en s'appuyant sur les références (des cartes en bristol de différentes couleurs sont souvent utilisées pour ce classement). Le temps consacré à ces phases préparatoires : lecture d'observation et mise en fiches, est extrêmement difficile à déterminer ; il doit s'établir en fonction du niveau de la formation de l'élève et de l'objectif qu'on lui propose ; nous éliminerons l'analyse très minutieuse qui consiste à déterminer les moindres nuances d'un certain thème, non seulement en le caractérisant, mais encore en démontrant sa place et sa fréquence par de nombreuses références (le travail qui consiste, par exemple, à indiquer combien de fois et à quel endroit Zola emploie « les yeux » ou « le regard » pour désigner cet aspect du visage de tel personnage de *Thérèse Raquin*, afin d'en mesurer la signification symbolique, ne peut intéresser que des spécialistes avancés).

Nous proposons ici une étude moins détaillée qui doit aboutir, selon l'entraînement de l'élève, à un exposé d'une demi-heure à quarante-cinq minutes ou à une rédaction de deux à quatre pages (à l'écrit, dans le compte rendu composé, les dimensions de l'analyse dépendent également des paragraphes qui constituent le reste du devoir : résumé du livre suivi de l'analyse d'un seul thème et de l'expression du jugement personnel ? Simple présentation de l'intrigue, analyse de deux ou trois points essentiels et conclusion sommaire ? Cf. nos exemples, p. 38.

A l'oral, l'exposé peut s'appuyer sur des références par pages et par chapitres, si les auditeurs possèdent l'ouvrage concerné qu'ils peuvent consulter personnellement. En revanche, si l'auditoire n'a pas à sa disposition le livre dont il est question, il est préférable de lire, de façon expressive, les passages qui illustrent le sujet. (Dans le premier cas, on lira néanmoins un ou deux passages importants, pour ne pas réduire l'exposé à un bilan.)

A l'écrit, la place des citations longues doit être réduite ; les caractérisations au service du sujet de l'analyse peuvent être justifiées par la simple évocation de tel chapitre ou de tel moment du livre, ou par le renvoi à certaines pages.

EXEMPLES

1. Le poids du destin dans *Le désert des Tartares* de D. Buzzati[1].

« L'homme, tel que *Le désert des Tartares* le définit, ne crée pas sa destinée : il la subit, il la découvre à tâtons. Les officiers du fort Bastiani peuvent souhaiter que l'occasion de montrer leur bravoure arrive enfin. Mais leurs pouvoirs s'arrêtent là. Leur présence même au fort ne dépend pas, au fond, de leur volonté.

Toute l'histoire de Drogo est placée sous le signe de l'irrévocable, dès le moment des adieux à sa mère : « Sur tout cela pesait une pensée tenace qu'il ne parvenait pas à définir, comme le vague pressentiment de choses irrévocables, presque comme s'il eût été sur le point d'entreprendre un voyage sans retour » (p. 8). Or il se trouve que *tous* les pressentiments de Drogo sont justes, puisqu'ils ne relèvent pas d'une intuition psychologique : c'est le destin lui-même qui se dévoile. Étant immuable, il ne peut tromper : c'est Drogo qui ne sait ou ne peut interpréter ces révélations, toujours ambiguës.

Aussi, dès sa première nuit au fort, l'idée lui surgit que sa jeunesse pourrait se consumer dans cette pauvre chambre (p. 39). Le rêve prémonitoire de la mort d'Angustina (ch. XI) se réalise fidèlement quelques jours après. Le sentiment vague, mais angoissant « qu'il n'arriverait pas à temps, l'impression que quelque chose d'important allait se produire et le prendrait à l'improviste » (p. 188), annonce, avec plusieurs années d'avance, l'arrivée de l'ennemi et son propre départ du fort. Du reste, ce dernier pressentiment se répète : « Une obscure superstition lui disait que, s'il quittait maintenant le fort pour cause de maladie, il n'y reviendrait jamais plus. Cette idée était pour lui un motif d'angoisse » (p. 218).

Le destin de Drogo a été fixé au moment où il a regardé, avec un mélange d'attirance et d'inquiétude, le fort (p. 74). Ce mo-

1. Cette analyse est un extrait du « Profil d'une œuvre » N° 40 rédigé par François Livi. Les références aux pages renvoient au Livre de poche.

ment décisif (« Tout était peut-être établi depuis longtemps ») est rappelé tout au long du roman. « Tout en parlant ainsi, il (Ortiz) s'était levé, le regard toujours fixé sur le Septentrion, comme par cette lointaine matinée, sur le bord du plateau, où Drogo l'avait vu contempler, fasciné, les murs énigmatiques du fort » (p. 147). Lorsque Drogo cède au découragement, il ne regarde plus ces murs du fort qui semblaient autrefois lui promettre un destin exceptionnel (p. 151-152). Quand Drogo rentre déçu de la ville, le fort ne recèle plus, à ses yeux, aucun trésor mystérieux. En ce moment de déception, qui est peut-être aussi un des rares moments de lucidité, le fort Bastiani n'est plus qu'une vieille bâtisse, une pauvre caserne de frontière (p. 174). Cependant, un instant après, l'envoûtement se reproduit, avec une force irrésistible. En un laps de temps très court, le réel est à nouveau transfiguré : « Et pourtant (...) un mystère persistait obstinément là-haut, dans les recoins des fossés, à l'ombre des casemates, l'inexprimable sentiment de choses à venir » (p. 175).

Aussi, ni les mises en garde des apprentis de Prosdocimo (p. 57), ni les confidences inquiétantes du docteur Rovina (« Tout le monde est venu ici par erreur, mon cher garçon, fit le médecin faisant pathétiquement allusion à lui-même. Et même ceux qui y sont restés » (p.69), auxquelles s'ajoutent plus tard les propos d'Ortiz (p. 178-179), ne peuvent ébranler Drogo. Giovanni souffre, mais il ne peut écarter son destin. D'ailleurs les avertissements des aînés sont toujours veinés d'une certaine jalousie : les plus jeunes peuvent encore beaucoup attendre. Peut-être seront-ils présents au moment décisif, lorsque l'ennemi envahira à nouveau la plaine des Tartares et déferlera sur le fort Bastiani.

« Drogo sentait peser son destin » (p. 73). Voilà le thème dominant. L'amertume de Drogo naît du décalage irréductible entre son espoir et son destin. Celui-ci s'approche parfois de celui-là au point de donner l'illusion qu'il va s'y identifier : « Le pressentiment que son destin était à la porte l'emplissait de joie, un destin heureux qui le mettrait au-dessus des autres hommes » (p. 97). La désillusion n'en est que plus cruelle : « A présent, il éprouvait même une sorte de profonde amertume, comme lorsque les heures les plus décisives du destin passent à côté de vous sans vous toucher et que leur grondement va se perdre au loin » (p. 94). Le doute se glisse alors dans son esprit : « S'il n'était qu'un homme quelconque à qui ne revient, de droit, qu'un médiocre destin ? » (p. 174). Drogo n'envisage même pas la possibilité de modifier en partie ce destin qui se révèle jour après jour. Son plus grand effort consiste à le découvrir. Les périodes d'optimisme sont parfois brusquement coupées par des déceptions cruelles, par des sensations douloureuses — Drogo sent parfois « décliner son destin » (p. 209) —, mais Giovanni demeure fidèle à cet engagement d'attendre l'événement miraculeux. Un « obscur pressentiment de choses fatales, une profonde certitude que ce que la vie avait de bon n'avait pas encore commencé » (p. 213) le soutiennent dans les moments les plus difficiles. Incapable de déchiffrer ces pressentiments contradictoires — un destin heureux, des choses fatales — qui sont tous également fondés, Drogo garde en plus l'illusion de pouvoir montrer son courage, d'affirmer en somme sa liberté, à ce moment suprême que le destin lui réserve.

Le même étau paralyse les autres officiers du fort : « C'est du désert du Nord que devait venir leur chance, l'aventure, l'heure miraculeuse qui sonne une fois au moins pour chacun » (p. 60). Cette vague éventualité, qui devient de plus en plus improbable pour chacun d'entre eux au fur et à mesure que les années s'écoulent, immobilise tous ces hommes au fort Bastiani. Cette fatalité n'épargne pas non plus les humbles, comme le maître-tailleur Prosdocimo : « Ainsi (...) cette obscure et humble créature attendait, elle aussi, un destin héroïque ? » (p. 59). »

2. *Le fleuve*, « l'eau de mort », dans *Alcools* d'Apollinaire[1].

« L'eau du fleuve est une version concrète de la métaphore usée... d'*Automne malade :* « La vie s'écoule. »

La fonction de l'image s'apparente à celle du cortège : une représentation spatiale de la fuite du temps. Dans la majorité des poèmes d'*Alcools*, l'eau se présente comme un élément féminin... Féminine par ses créatures mythologiques, les « déités »

1. Cette analyse est un extrait du « Profil d'une œuvre » N° 25 rédigé par Claude Bégué et Pierre Lartigue. Les termes soulignés correspondent aux titres de certains poèmes qui constituent le recueil « Alcools ».

qui « laissent couler leurs cheveux » *(Clotilde),* par le rappel constant de la femme aimée, l'onde est le véhicule mélancolique destiné à emporter, sous *Le pont Mirabeau,* les jours, les semaines, les amours du poète. Processus irréversible, mouvement à la lenteur monotone, le passage de l'eau est régulièrement associé à l'agonie automnale dont il représente souvent la voix murmurante ou grave.

Plus nettement encore, le contexte affectif du thème de l'eau, qu'il s'agisse de la rivière ou de la mer, est marqué de tristesse funèbre. Telle est la « profonde eau triste » où vont les « pi-mus couples », sur un fond sonore de mort :

« J'entends mourir et remourir un chant lointain » *(La Porte).* La mélancolie des souvenirs d'un passé irrémédiablement perdu donne à l'eau le goût d'amertume qu'elle présente dans *La chanson du mal-aimé* :

> « Mon beau navire ô ma mémoire
> Avons-nous assez navigué
> Dans une onde mauvaise à boire. »

On retiendra enfin, parmi les attributs du fleuve, la tonalité sombre liée au pouvoir d'évocation des ombres, symboles funèbres dans *Le voyageur :*

> « Les cyprès projetaient sous la lune leurs ombres
> J'écoutais cette nuit au déclin de l'été
> Un oiseau langoureux et toujours irrité
> Et le bruit éternel d'un fleuve large et sombre »,

motifs du passage et du souvenir dans *Les fiançailles :*

> « Et sombre sombre fleuve je me rappelle
> Les ombres qui passaient n'étaient jamais jolies. »

En même temps que par son caractère fuyant et insaisissable, l'eau s'intègre au processus de mort parce qu'elle cause elle-même la perte de la vie, parce qu'elle est elle-même, dans une très lente instabilité, un tombeau. Ce n'est pas un hasard si, parmi les créatures mythiques, les poèmes d'*Alcools* laissent une place importante aux personnages de légende qui ont pérennisé par la noyade la folie ou le mal d'aimer. De la théorie des noyés qui s'avance à travers *Alcools* (les « nageurs morts » de *La chanson du mal-aimé,* les regards « mourants » du *Voyageur,* les « cadavres de jours » de *L'émigrant de Landor Road),* trois figures ressortent particulièrement. Ainsi, le fleuve

« (...) sur lequel flottait Ophélie
Qui blanche flotte encore entre les nénuphars »
(Poème lu au mariage d'André Salmon).

Autre figure de noyée, la « Lore en folie » :

« Elle se penche alors et tombe dans le Rhin
Pour avoir vu dans l'eau la belle Loreley
Ses yeux couleur du Rhin ses cheveux de soleil. »

Il faut remarquer, dans ces deux exemples, que l'eau du fleuve ne court plus (puisqu'elle permet la présence de nénuphars, plantes des eaux stagnantes, et qu'elle est assez lisse pour tenir lieu de miroir). Eaux dormantes, presque figées, dont la quasi-immobilité évoque celle des fleuves infernaux, le Styx et le Léthé, elles prolongent éternellement l'état de mort, comme l'eau du « lac blanc » de *La chanson du mal-aimé :*

« Un jour le roi dans l'eau d'argent
Se noya puis la bouche ouverte
Il s'en revint en surnageant
Sur la rive dormir inerte
Face tournée au ciel changeant. »

Tout mouvement, ici, s'arrête en point d'orgue, sur la rive mystérieuse de l'eau de mort. »

3. *L'homme et le travail à la chaîne* dans *Élise ou la vraie vie* de C. Etcherelli[1].

L'homme contraint au travail à la chaîne se caractérise par sa dégradation physique — sa déchéance intellectuelle — son manque de sociabilité.

Sa dégradation physique commence par des sensations désagréables et douloureuses : p. 94, Élise note que « l'odeur écœu-

1. Les références aux pages renvoient au Folio N° 300, éd. Gallimard.

rante des moteurs qui chauffaient se mêlait à celle de l'essence » ; p. 78, elle nous communique son premier contact avec l'atelier : « Les machines, les marteaux, les outils, les moteurs de la chaîne, les scies mêlaient leurs bruits infernaux et ce vacarme insupportable, fait de grondements, de sifflements, de sons aigus, déchirants pour l'oreille, me sembla tellement inhumain que je crus qu'il s'agissait d'un accident. »

Viennent ensuite la perte de l'hygiène, la fatigue, les troubles de l'état de santé : p. 67, nous apprenons que Lucien était sale, « qu'il avait une barbe de plusieurs jours... que ses mains étaient malpropres » ; p. 68, « que ses yeux sont ternes et tristes comme l'ensemble de sa personne » ; p. 86, Lucien déclare : « Je ne peux rien manger, je suis intoxiqué par la peinture. » Élise précise également les troubles qui la concernent : p. 68, « Je suis si fatiguée, je ne pense qu'à dormir, je me laverai dimanche » ; p. 127, « Souvent le matin j'avais de violents maux de tête » ; p. 90, elle constate que « ses jambes sont dures comme du bois et rouillées aux articulations ». Elle a l'impression, p. 117, « de n'être qu'un unique membre douloureux » : pénible conséquence de gestes trop rapides ; p. 91, « enjamber, descendre, courir, grimper, enjamber, m'accroupir dans la voiture suivante, recommencer sept fois par heure ». Cette dégradation physique entraîne la déchéance intellectuelle et morale de l'ouvrier : p. 98, Élise déclare qu'« un engourdissement dangereux détruisait tout effort de pensée ». Lorsqu'elle revoit Lucien pour la première fois à Paris, elle remarque que : p. 68, « il s'exprimait avec une grande économie et s'en tenait, en ma présence, à des murmures dont je percevais l'essentiel ». Lucien précise lui-même son abêtissement : p. 141, « Toute la journée, je suis comme une caméra qui enregistre les images. Tous les jours je m'abrutis un peu plus », et voici comment il précise la mécanisation de l'ouvrier aux dépens de son existence intellectuelle : p. 123, « Ne cherche jamais à comprendre ce que tu fais. Ne demande pas à quoi sert ceci ou cela. Tu n'es pas là pour comprendre mais pour faire des gestes ». P. 97, nous apprenons que la parcellisation des tâches et la soumission à la cadence sont particulièrement dégradantes moralement ; l'ouvrier est récompensé ou sanctionné selon sa rentabilité : son seul objectif devrait être la prime de rendement qu'on lui accorde, mais qu'on lui supprime à la moindre faute.

Cette déshumanisation de l'individu s'accompagne nécessairement d'un manque de sociabilité qui va jusqu'au mépris d'autrui. Cette absence de chaleur humaine commence par les difficultés de communication : « Allez (dit Mustapha à Élise), vous allez perdre votre prime », p. 108. Élise déclare elle-même : p. 182, « Pour échanger quelques phrases, il faut bousculer l'ordre établi et gêner les camarades ». Dans un tel contexte, la femme est traitée en femelle et en être inférieur : « A travailler comme ça, on retourne à l'état animal. Des bestiaux qui voient la femelle », nous dit Lucien, p. 86, car les hommes hurlent chaque fois qu'arrive une nouvelle. Lorsqu'Élise pénètre dans l'atelier, pour la première fois, on fait cette remarque : p.80, « C'est les femmes maintenant qui vont contrôler ». On est sur ses gardes, on devient susceptible : p.95, « Vous ne connaissez pas la politesse... alors pourquoi vous dites bonjour aux chefs... » et surtout, dans ces ateliers cosmopolites, le racisme s'accentue : p.95, « Le petit cloueur crache d'un air de dégoût » quand Mustapha quitte la voiture.

Certains, comme Élise et Arezki, ont suffisamment de personnalité pour réagir contre cet état ; d'autres s'y opposent par la lutte syndicale ou la révolte.

BILAN DES PROCÉDÉS

(En s'appuyant sur l'exemple de « l'homme et le travail à la chaîne » dans *Élise ou la vraie vie.)*

- L'analyse est structurée : dégradation physique — déchéance intellectuelle — manque de sociabilité.
- Les caractérisations sont précises et nombreuses : la dégradation physique est précisée à travers les sensations douloureuses, la fatigue, la perte de l'hygiène, les troubles de la santé. La déchéance intellectuelle et morale apparaît à travers la mécanisation de l'ouvrier, la parcellisation des tâches, la soumission à la cadence pour gagner la prime, l'abêtissement de l'homme. Le

manque de sociabilité vient de la déshumanisation de l'individu, des difficultés de communication, de l'accentuation du racisme et de l'inégalité des sexes.

- L'analyse est un travail de démonstration par un jeu de références et de citations : cf. les références par pages et les citations entre guillemets.

EXERCICE D'ENTRAÎNEMENT

Analysez le personnage de Phèdre dans *Phèdre* de Racine (cf. la structure de cette analyse dans notre chapitre « suggestions », p. 75).

L'expression du jugement personnel 4

Le compte rendu composé

A. L'expression du jugement personnel

- Exercice oral ou écrit.
- Tous niveaux mais surtout à partir de la troisième.
- Sert de conclusion à l'analyse ou au résumé long.
- Rédaction d'une demi-page à une page.
- Exposé de cinq à dix minutes qui peut servir d'invitation au débat.
- Entraînement à l'esprit critique.

OBJECTIF ET DÉFINITION

Le jugement personnel doit avant tout être sincère : on peut se laisser aller à être subjectif, tendancieux. C'est la conclusion indispensable du compte rendu composé (cf. p. 37 ; le jugement personnel peut également achever d'une façon intéressante l'analyse d'un thème ou d'un personnage ; il permet alors de faire le point de façon personnelle sur l'ensemble de l'ouvrage ; il fait écho en quelque sorte à la présentation du livre qui doit nécessairement précéder ces types de compte rendu.

Au terme d'un exposé oral, l'expression du jugement personnel peut être une invitation au débat.

Remarque : lorsque nous évoquons le caractère subjectif de cet exercice, nous entendons par là qu'il ne faut pas hésiter à exprimer, en toute sincérité, le message personnel que l'on a reçu à la lecture de tel ouvrage, sans se laisser influencer par la notoriété de l'auteur et le succès de son œuvre. Ce message peut être d'ordre affectif : pourquoi tel ouvrage nous a touchés ? Pourquoi tel autre nous a laissés indifférents ? D'ordre intellectuel : en quel sens ce livre nous a-t-il invités à réfléchir ? Comment nous a-t-il renseignés ? Ce message peut enfin avoir été reçu par l'imagination : pourquoi ce livre nous a-t-il fait rêver, « voyager » ? Quel fut sur nous son pouvoir d'évasion ?

L'expression du jugement personnel est enfin un entraînement à l'esprit critique qui développe le goût et la personnalité intellectuelle.

EXEMPLES

1. *Le vieil homme et la mer* d'E. Hemingway.

J'ai été très touchée par l'amitié entre le vieil homme et l'enfant ; elle ne m'a semblé ni superficielle ni invraisemblable. On parle sans cesse de conflits de générations : ils existent peut-être dans le contexte familial, entre générations successives, mais j'ai souvent été frappée par les affinités qui existent entre certains vieillards et les enfants : ils rêvent de la même façon, ils sont un peu gourmands... J'ai également aimé *Le vieil homme et la mer* parce que la vieillesse y est évoquée de façon admirable : cette histoire d'un vieux marin généreux, courageux, est réconfortante, attendrissante, pleine d'espoir (on nous décrit trop souvent les vieux comme des gens ennuyeux, tristes, laids, oisifs et égoïstes) ; le vieil homme d'Hemingway est très enthousiaste, il croit en l'avenir. Enfin, cette aventure en mer, à la fois rude et belle, est traduite d'une façon tellement expressive, que moi aussi je suis partie ; j'étais sur le bateau avec Santiago, je voyais les poissons et les oiseaux ; avec lui, j'ai lutté contre les requins... J'ai ramené l'espadon au port.

2. *Le procès* de Kafka.

Le procès de Kafka est très certainement l'ouvrage qui m'a le plus impressionnée. Cette fusion intime, on pourrait presque dire cette confusion entre le réel et l'imaginaire, m'a transportée dans un univers étrange, bouleversant, parfois angoissant, jusqu'à l'illusion absolue : j'ai eu l'impression, pendant la lecture du *Procès*, de perdre tout contact avec la réalité quotidienne qui m'environnait. Les dimensions symboliques de l'ouvrage, sa portée philosophique, sociale, psychologique, me sont apparues seulement après la lecture, et m'ont invitée à la réflexion, puis à la discussion avec des amis. J'ai alors éprouvé le besoin de lire cette œuvre de Kafka une seconde fois, et je l'ai relue avec un autre regard : j'ai découvert le procès de l'homme et de la vie. La lecture d'un tel ouvrage ne peut être appréciée qu'un soir d'hiver et de solitude ; il me semble difficile de l'aborder sur une plage ensoleillée parmi la foule des estivants.

3. *Au bonheur des dames* d'É. Zola.

J'ai été vivement intéressée par la lecture du *Bonheur des dames* sur le plan documentaire ; cette naissance et ce développement d'un grand magasin laissent prévoir l'épanouissement de la société de consommation telle que nous la connaissons actuellement. Les procédés publicitaires créés par Mouret annoncent les campagnes pour la vente lancées aujourd'hui, et j'ai été amenée à réfléchir à la spéculation par les soldes, les réclames, l'étalage, l'abondance. On appréhende déjà la mise en échec du petit commerce qui ne peut pas rivaliser avec ce système de vente. En revanche, l'idylle entre Denise et Mouret me semble superficielle, illusoire, romanesque ; c'est une interprétation banale du couple « prince et bergère ».

4. Lettre à un enfant jamais né d'O. Fallaci.

Lettre à un enfant jamais né m'a beaucoup plu précisément parce que je suis une femme, et que l'auteur m'a mise, dès les premières lignes, en situation d'affinité avec elle. J'ai connu l'état de grossesse et je pense que toute femme enceinte s'adresse à certains moments de la journée (souvent le soir, dans son lit) au petit qu'elle porte ; elle l'imagine, elle le sent, elle l'écoute, elle espère que... elle se souvient de... elle imagine que... Cette communication avec l'enfant, idéalisée par la femme alors qu'il est au stade de fœtus, me semble absolument vraie sur le plan psychologique, lorsque la future mère se réjouit de son état. En revanche, la minutie avec laquelle l'auteur imagine scientifiquement le développement de l'embryon me semble un peu excessive, et peut-être lassante pour un lecteur masculin. C'est essentiellement un livre écrit par une femme pour une femme ; malgré l'éloge qui figure au verso de l'édition originale : « C'est aussi un livre qui aidera les hommes à comprendre », je me demande quel homme est capable de comprendre un livre aussi féministe et féminin.

BILAN DES PROCÉDÉS

L'expression essentiellement objective qui se traduit par :
- l'emploi de la première personne du singulier, « je » ;
- l'importance du vocabulaire affectif : cf. ex.1 : « J'ai été très touchée » ; « J'ai aimé » ; ex. 2 : « qui m'a le plus impressionnée » ; ex. 4 : « m'a beaucoup plu » ;
- la réception d'un message très personnel :

ex. 1 : « J'étais sur le bateau avec Santiago » ; ex. 2 : « J'ai alors éprouvé le besoin de lire cette œuvre de Kafka une seconde fois » ; « La lecture d'un tel ouvrage ne peut être appréciée qu'un soir d'hiver et de solitude » ;

- un esprit critique parfois tendancieux :
ex. 3 : « L'idylle entre Denise et Mouret me semble superficielle, illusoire, romanesque... » ; ex. 4 : « Je me demande quel homme est capable de comprendre un livre aussi féministe et féminin. »

EXERCICE D'ENTRAÎNEMENT

Exprimez votre jugement personnel après la lecture de *L'assommoir* de Zola (cf. suggestions, p. 76).

B. Le compte rendu composé

- Exercice essentiellement écrit.
- Niveau : à partir de la troisième.
- Aboutissement des exercices précédents : résumé, analyse, expression du jugement personnel.
- Très bon exercice de structure.
- Entraînement à la dissertation.
- Cf. sa transformation en exposé oral, p. 76.

OBJECTIF ET DÉFINITION

Le compte rendu composé est un exercice de rédaction. Il n'a pas sa place dans le cadre des loisirs culturels ; en revanche, il pourrait alterner avec la dissertation, la contraction de texte et le commentaire composé, dans l'éventail des devoirs de français que l'on propose dans les classes de lycée, à certains cours de formation professionnelle, lors de la préparation de quelques concours. (En lui accordant des dimensions plus modestes, on peut y entraîner les élèves dès la troisième.)

C'est un compte rendu global du livre, bien structuré par des paragraphes qui s'enchaînent par des phrases de liaison, et ne sont pas titrés. (Nous caractérisons sa composition dans le paragraphe : « bilan des procédés ».)

EXEMPLES

1. *L'huile sur le feu* d'H. Bazin[1].

Hervé Bazin est un écrivain contemporain, auteur de nombreux ouvrages qui ont remporté un vif succès auprès d'un large public ; *L'huile sur le feu* illustre une caractéristique des principales œuvres de Bazin. Un des personnages souffre de dérèglement psychique qui perturbe plus ou moins la vie de son entourage (Folcoche, la mère dans *Vipère au poing*, est restée célèbre pour ses excès).

Le petit village de Saint-Leup est, depuis quelque temps, ravagé par de fréquents incendies. Le pompier bénévole, Bertrand Colu, se distingue par son dévouement et sa bravoure ; on le surnomme « Tête de drap », car il est toujours coiffé d'une cagoule de tissu noir, pour cacher les horribles cicatrices qui le défigurent, à la suite de brûlures. On découvre que les incendies sont d'origine criminelle. Colu, aidé de sa fille Céline qui souvent l'accompagne, participe activement aux rondes nocturnes pour surprendre l'incendiaire. (Céline s'échappe facilement de la maison familiale où règne la mésentente entre ses parents.) Certains indices troublent Céline ; elle mène sa propre enquête : son père qu'elle adore, Colu, l'héroïque pompier, est pyromane ; c'est lui le coupable. « Tête de drap » se suicide finalement, en public, parmi les flammes de son dernier incendie.

1. L'exemple suivant nous a été inspiré par un « bon » devoir d'élève de seconde entraîné au compte rendu de lecture composé dès la troisième. Nous avons rigoureusement respecté la structure et l'argumentation de sa rédaction ; nous avons parfois modifié la syntaxe et le vocabulaire. Le sujet était le suivant : « A partir de la lecture d'un ouvrage de votre choix, résumez le contenu du livre, puis étudiez deux ou trois aspects de l'œuvre qui ont retenu votre attention. Vous terminerez votre devoir par l'expression de votre jugement personnel. »

Trois aspects de *L'huile sur le feu* m'ont semblé particulièrement intéressants : la personnalité de Colu, le personnage de sa fille Céline, et l'évolution de l'intrigue à la fois psychologique et « policière[1] ».

La personnalité de Colu surnommé « Tête de drap » nous frappe dès les premières pages : le pompier Colu est à l'action, il sait prendre des initiatives, il donne des ordres, on l'écoute, on l'estime ; un peu plus loin, lorsqu'il lui faut affronter le terrible incendie de l'Argilière, il fait preuve de courage, d'audace, de témérité ; à ces qualités, il faut encore ajouter la rapidité et l'imagination qui nous campent Colu comme un être exceptionnel, une sorte de héros qui éveille l'admiration et le respect. Ses répugnantes brûlures qu'il cache sous sa cagoule de drap noir, mais qu'il découvre parfois avec un geste de bravade, de provocation, peut-être de révolte ou d'amertume, nous laissent plus indécis : faut-il admirer davantage, ou plaindre le héros mutilé ?

Le personnage de Colu deviendra pourtant de plus en plus complexe au rythme des pages. Son attitude avec sa fille Céline est assez ambiguë : Bertrand Colu aime sa fille Céline avec une passion qui semble louable, car elle correspond à un amour filial réciproque. Cette affection du père devient pourtant moins pure lorsqu'on comprend à quel point la jeune fille est pour cet homme, cruellement rejeté par sa femme, une sorte de besoin, un refuge. Par la suite, Colu n'hésitera pas à faire de Céline sa confidente, sans en mesurer les conséquences néfastes à la santé, à l'équilibre, au bonheur de la jeune fille. Pour perturber davantage nos sentiments à son égard, nous apprenons que ce prestigieux pompier, estimé dans le village, se double d'un « cocu » qui se laisse lamentablement malmener, mépriser, insulter par sa femme : par lâcheté ? par amour pour Céline ? par désespoir à cause de son infirmité ? par intérêt car il ne saurait où aller ? ou, tout simplement, parce qu'il aime encore cette belle Éva qui, depuis longtemps, refuse d'être sa compagne ?

La découverte finale qui nous révèle Colu comme un pyromane, un pauvre monstre qui se juxtapose au héros, ne nous surprend pas tellement (l'homme avait commencé à nous inquiéter bien avant). La monstruosité de son suicide dans les flammes

1. La police n'intervient pas dans ce roman, mais on recherche l'incendiaire comme dans une enquête policière.

par lesquelles il voudrait anéantir le village et ses habitants — y compris Céline — prouve l'envergure de sa folie. Le dédoublement subconscient de sa personnalité supprime le problème de la responsabilité et de la culpabilité.

Le personnage de Céline a retenu également mon attention, au moins par sa présence presque constante dans ce roman dont elle est le narrateur. Sa situation familiale nous bouleverse, car elle est à la fois témoin et victime des tristes scènes entre son père et sa mère ; Éva la voudrait complice de sa haine à l'égard de Colu ; Céline reste finalement fidèle à ses propres sentiments ; elle est lucide, réaliste, elle essaye de comprendre ses parents, d'être généreuse ; elle se domine et ne s'apitoie pas sur son propre malheur. Finalement, Céline nous parle très peu d'elle-même ; ses souffrances affectives et morales sont à peine suggérées. Nous constatons surtout que sa vie est tout à fait marginale par rapport à celle des adolescentes ; on ne lui connaît pas de camarades de son âge, elle se confie à peine à son vieux parrain, Monsieur le Maire, elle est livrée à elle-même et surtout bien désœuvrée : elle ne semble pas avoir d'autres occupations que celles de battre la campagne pour guetter le feu, regarder les incendies (loin du groupe des femmes !) ou participer aux rondes nocturnes pour surprendre l'incendiaire. Ses rapports avec son père sont assez surprenants ; nous comprenons fort bien son immense tendresse à l'égard de Colu si injustement rejeté par sa femme, mais ce besoin qu'éprouve Céline de le surveiller, de s'occuper de lui, d'embrasser ses cicatrices nous étonne un peu, et nous laisse parfois mal à l'aise ; elle sait se montrer digne et indulgente lorsqu'elle découvre la monstruosité de « Tête de drap », mais le choc est amoindri par certains indices qui l'avaient préparée à cette découverte ; pour elle, son père admirable disparaît, mais Éva, sa mère, n'est-elle pas en grande partie responsable de la folie de « Tête de drap » ?

C'est enfin la structure même de ce roman qui m'a peut-être le plus intéressée. Cette double évolution psychologique et « policière » (on recherche un coupable) me semble bien imaginée par l'auteur.

En effet, la découverte progressive de la personnalité de Bertrand Colu, de sa vie, de sa situation familiale nous révèle petit à petit son aisance et son épanouissement au milieu des flammes (cf. son attitude chaque fois qu'il y a un incendie) puis son intérêt excessif pour le feu (sa bibliothèque est uniquement constituée d'ouvrages sur ce thème). Colu est d'abord admirable, puis nos sentiments à son égard sont de plus en plus indéfinissables ; on le plaint, il inquiète, on ne comprend pas toujours son attitude, il est souvent déroutant ; on le trouve enfin étrange, puis on craint un malheur, on appréhende le pire... L'intrigue évolue parallèlement par étapes, au rythme d'une enquête policière : deux incendies éclatent successivement aux environs de Saint-Leup ; Colu fait remarquer lui-même que l'alerte au feu a lieu les soirs de noces, le garde-chasse découvre le stratagème criminel, on soupçonne le fils du menuisier, puis on arrête d'autres enfants, Céline surprend enfin son père...

La lecture de *L'huile sur le feu* m'a permis de passer quelques heures agréables. Colu est un personnage assez insolite et fascinant ; la structure semi-policière du roman nourrit l'intérêt au moins pendant les deux premiers tiers de l'ouvrage ; mon attention s'est ensuite relâchée et j'ai trouvé le rythme des dernières pages beaucoup trop lent et leur contenu un peu mélodramatique ; dès l'instant que l'on a confirmation que Colu est bien l'incendiaire, pourquoi donner à son suicide une dimension aussi spectaculaire et faussement épique ? Ce dénouement artificiel rejoint le personnage de Céline qui, par son invraisemblance psychologique, ne dépasse pas, pour moi, le cadre du roman.

2. *La cicatrice* de B. Lowery.

Bruce Lowery est un écrivain américain contemporain, mais il écrivit *La cicatrice* en français et traduisit ensuite son ouvrage dans sa langue natale. Le visage de Bruce Lowery est légèrement marqué par un bec-de-lièvre ; *La cicatrice* représente son premier roman (il fut couronné par le prix Rivarol).

Jeff, le héros principal du roman, est âgé de treize ans ; il se sent défiguré par une cicatrice : un bec-de-lièvre. Ses parents déménagent ; il est nouveau à l'école. Ses camarades refusent de l'intégrer, ils le briment, l'insultent, le surnomment « Grosse lèvre ». Jeff a une légère tendance à la kleptomanie ; il réussit à se faire un ami, mais il ne peut s'empêcher de lui voler des timbres de collection. La solitude de Jeff s'accentue ; il n'avoue pas sa faute, mais on le soupçonne, il perd l'amitié de Willy. A l'école maintenant, « Grosse lèvre » est considéré comme un voleur ; on le maltraite davantage. Jeff, de plus en plus aigri, est désagréable avec sa famille, surtout avec son petit frère Bubby. Bubby meurt accidentellement, Jeff se sent particulièrement responsable de l'accident ; sa solitude est totale.

Dans cet ouvrage, deux thèmes ont particulièrement retenu mon attention : le personnage de Jeff et le comportement outré, cruel, presque « raciste » des enfants à l'égard de l'un d'entre eux défavorisé par la nature.

Le personnage de Jeff m'a intéressée pour deux raisons : il symbolise l'enfant infirme avec toute la solitude que lui impose son état ; puis, ce petit héros martyr est humanisé par une certaine tendance à la kleptomanie qu'il met en pratique.

La solitude et le désarroi de l'enfant infirme sont soulignés par l'auteur de différentes façons : Jeff est âgé de treize ans ; il est défiguré par un bec-de-lièvre et à cet âge où l'on est de moins en moins crédule, et de plus en plus épris de franchise, ses parents continuent à lui faire croire que cette cicatrice est due, selon les jours, à une chute de son berceau dès la naissance, ou à une maladresse de ses premiers pas : ils mentent, c'est évident, et l'on finit par douter de l'affection de ceux qui cachent la vérité. Par ailleurs, Jeff est croyant ; sa foi est profonde, pour lui Dieu est bon, il est juste, il est tout-puissant : il fera donc nécessairement disparaître cette cicatrice ; lorsque Jeff réalise qu'il n'y aura, pour lui, jamais de miracle, sa solitude est encore plus grande, plus amère. Enfin, les parents de Jeff déménagent ; ils vont demeurer dans un quartier où l'on habite tel ou tel côté de la rue selon le milieu social auquel on appartient, et Jeff va loger du côté des gens « pas tout à fait bien » (son père n'est que météorologiste). L'un des moments où l'on se sent le plus isolé lorsque l'on est enfant, est bien symbolisé par l'état de « nouveau » dans une classe. Or, Jeff a la malchance d'être nouveau en cours d'année scolaire, dans une école essentiellement fréquentée par des enfants de médecins et d'hommes d'affaires. Là, Jeff sera rapidement surnommé « Grosse lèvre » ; on l'insulte, on le brime...

Cette profonde solitude de l'enfant qui se sent laid, défiguré, détesté des autres, mal compris par ses parents, injustement marqué par le destin, ne tarderait pas à éveiller notre pitié, notre chagrin, notre considération, si ce petit héros martyr n'était humanisé par un défaut répugnant et difficilement excusable : Jeff tend à être voleur par instinct ; il ébauche un geste en essayant de voler une pierre rare dans le jardin d'un voisin, puis il va jusqu'au bout de sa mauvaise action en volant les timbres de collection de son seul ami ; il a réussi à se faire un allié, il a échappé à sa solitude, il aime ce copain, il l'admire, mais il ne peut s'empêcher de voler des timbres rares auxquels le garçon tient particulièrement. Le geste de Jeff est fort complexe ; il vole, sans doute, par besoin, par envie, par impulsion, mais aussi pour se substituer à celui qu'il admire parce qu'il est grand, fort, aimé des autres, « sans cicatrice ». On pourrait, alors, excuser Jeff, car son geste est finalement bien maladroit et absolument dépourvu de préméditation, mais Jeff s'enfonce dans sa culpabilité : il ment, cache les timbres, fait accuser un autre à sa place ; il n'avouera jamais sa faute à qui que ce soit. La solitude de l'enfant infirme est alors renforcée par le remords, et la perte de l'ami. Jeff devient aigri, taciturne, méchant avec les siens. Finalement, Jeff fera passer sa cicatrice au second plan, le jour où il se sentira responsable de la mort de son petit frère ; son désarroi moral remplace maintenant son isolement physique et social, et il est immense, sans espoir.

L'attitude « raciste[1] » des adolescents, illustrée ici par leur attitude à l'égard de Jeff, « l'enfant au bec-de-lièvre », prend des proportions insoutenables. Ces jeunes gens sont systématiquement et résolument cruels, injustes ; ils se massent tous contre un, font preuve d'imagination pour trouver des jeux humiliants, insultants, afin de mettre « Grosse lèvre » en difficulté et d'accentuer sa solitude d'infirme et de « nouveau ». Cette attitude est d'autant plus gratuite qu'elle se métamorphose brusquement lorsque Jeff devient le copain de Willy, un grand garçon, fort, populaire, sympathique. Puis, cette sotte mentalité « raciste » réapparaît lorsque la classe considère Jeff comme « le voleur de timbres » : on en conclue immédiatement que « Grosse lèvre » a volé parce qu'il est taré. Cette cruauté, cette tyrannie, ces brimades sont, au moins partiellement, à l'origine de la malhonnêteté de Jeff (en particulier, lorsqu'il use d'un stratagème pour faire accuser du vol Ronald, un autre élève de la classe), puis de

1. (Au sens particulier du terme) : attitude qui consiste à se sentir supérieur à ceux que l'on juge tarés, et à les brimer.

son attitude maussade, désagréable, méchante, en famille. Par une sorte de vengeance inconsciente, Jeff devient à son tour injuste, presque cruel avec son petit frère Bubby : l'enfant en mourra.

Ce livre m'a intéressée, dans la mesure où il traite de la solitude humaine, de son évolution, de la fatalité qui l'accompagne souvent, peu importe qu'il s'agisse d'un enfant au bec-de-lièvre, d'un jeune voleur isolé par le sentiment de culpabilité dont il pourrait se délivrer par un aveu, ou d'un être irrémédiablement atteint par le remords parce qu'il se sent responsable de la mort d'un être proche.

En revanche, le personnage de Jeff me laisse mal à l'aise, il m'échappe et m'inspire un sentiment confus où se mêlent la pitié, l'incompréhension, la tristesse avec parfois une pointe de dégoût (malgré moi, malgré tout). C'est sans doute un personnage que je n'oublierai pas, mais je le trouve situé dans un contexte trop mélodramatique.

En revanche, les jeunes héros parfaits comme Willy, et le petit frère Bubby dont l'héroïsme est, de surcroît, consacré par la mort, m'exaspèrent un peu : ce sont des personnages exclusivement romanesques.

BILAN DES PROCÉDÉS

- Dans la mesure du possible, présenter sommairement l'auteur dans l'introduction du devoir (le situer en tant qu'écrivain — évoquer éventuellement les sources de l'ouvrage que l'on va étudier. Dans certains cas, s'il occupe une place particulière, rattacher le livre choisi à l'ensemble de l'œuvre).
- Éviter, en revanche, de raconter toute la vie de l'auteur et de citer toutes ses œuvres.
- Évoquer, ensuite, le contenu du livre (simple présentation ? ou résumé ayant un caractère plus complet et plus précis ? Cela dépend de la longueur et de l'importance de la suite du devoir et du niveau de l'élève).
- Après le résumé, prévoir un petit paragraphe dans lequel on annonce le ou les différents aspects du livre que l'on va étudier.

- S'il s'agit d'un seul thème ou d'un personnage, différencier ses caractéristiques par des paragraphes successifs qui s'enchaînent par des phrases de liaison (ne jamais titrer ces paragraphes dans un devoir composé).
- S'il s'agit de plusieurs thèmes que l'on étudie globalement pour déterminer l'essentiel du contenu du livre, les traiter par ordre d'importance et les enchaîner, également par des paragraphes successifs non titrés (leur longueur sera alors décroissante).
- Conclure le devoir par l'expression du jugement personnel qui peut être subjectif par opposition à l'analyse qui se veut essentiellement objective.

EXERCICE D'ENTRAINEMENT

Transformez la rédaction sur *L'huile sur le feu* en un plan d'exposé oral ; c'est-à-dire, remplacez les phrases de liaison par des titres et des sous-titres (cf. suggestions, p. 76).

5 L'invitation à la lecture : le récit du livre - le slogan du livre

A. Le récit du livre

- Exercice oral (sa rédaction est une phase préparatoire).
- Tous niveaux, mais sa mise au point nécessite beaucoup d'entraînement.
- Durée de la préparation écrite : deux à trois heures après une lecture minutieuse de l'ouvrage.
- Temps consacré à l'expression orale : vingt minute à une demi-heure pour « le récit complet » ; cinq à dix minutes pour « le récit partiel[1] ».
- Exercice d'imagination, de créativité et de diction.
- Excellent pour s'entraîner à intéresser un public.

OBJECTIF ET DÉFINITION

La mise en récit d'une œuvre littéraire a pour objectif essentiel de la rendre attrayante. C'est une invitation à la lecture du texte original.

1. Cf. la définition de ces termes dans le paragraphe ci-dessous : « objectif et définition ».

C'est une adaptation du livre qui fait intervenir l'imagination et la créativité ; par choix, on prend la liberté de supprimer ou de résumer certains chapitres que l'on juge peu importants ou moins intéressants ; en revanche, on met en relief l'atmosphère, l'attrait ou le mystère de telle anecdote, la personnalité d'un certain personnage, l'emprise de la fatalité, illustrés par tel autre chapitre. Ainsi, on gonfle d'importance par des détails, des précisions, des citations empruntées à l'auteur, des procédés superlatifs, des répétitions, des accumulations, des termes d'insistance... les moments du livre que l'on a jugés les plus captivants.

Le récit est un excellent moyen pour s'entraîner à prendre la parole en public, de façon vivante (n'est-ce pas, d'ailleurs, la première qualité de l'expression orale ?). En classe, dans un premier temps, j'autorise mes élèves à se servir largement de la « rédaction » de leur récit (elle est, pour des débutants, la préparation nécessaire au travail de conteur) ; je les entraîne, d'abord, à la lecture expressive : prévoir des silences de deux à trois secondes, lire en anticipant, à la manière des speakers de la télévision, pour regarder le plus souvent possible le public ; articuler, s'exprimer tour à tour lentement puis plus rapidement, pour éviter la monotonie. Ensuite, nous passons au récit proprement dit (les notes permises sont les citations empruntées à l'auteur). Le conteur parfait devrait s'exprimer sans la moindre référence écrite, en citant de mémoire les passages empruntés à l'auteur.

En tant que communication, le récit est un appel au rêve, à l'évasion : il a, en ce sens, une certaine dimension poétique ; il satisfait les désirs de l'imagination, mais il invite aussi l'auditeur, en sollicitant son intérêt et sa curiosité, à découvrir la signification profonde de l'œuvre racontée, par une lecture personnelle du texte original.

Cette mise en récit d'un roman trouve sa place à l'école mais elle peut satisfaire les loisirs en groupe ou en collectivité. Souvenons-nous qu'à tout âge, on aime entendre ou savoir raconter une histoire ou une anecdote extraordinaire. — La réussite de cet exercice est assurée lorsque l'on conditionne physiquement l'auditoire ; en classe on peut pousser les tables au fond de la salle et mettre les chaises en cercle ; ici, on peut allumer un feu dans la cheminée ; là, un feu de camp ; on peut prévoir aussi quelques bougies, quelques coussins...

Le récit partiel a le même objectif et la même définition que le récit complet du livre. C'est une invitation à la lecture plus évidente encore, puisque l'on se limite à « conter un extrait du livre » (souvent le début) d'une façon particulièrement attrayante, pour inciter les auditeurs à lire l'œuvre complète.

Le récit partiel doit s'arrêter à un moment où le thème du livre est particulièrement palpitant, pour provoquer une envie presque impérative de connaître la suite, par une lecture personnelle.

Le récit partiel est un excellent exercice pour des élèves débutants qui peuvent s'entraîner à s'exprimer oralement de façon vivante, pendant cinq à dix minutes seulement.

EXEMPLES

1. L'assommoir d'É. Zola[1].

Gervaise est accoudée à une fenêtre de l'hôtel Boncœur, boulevard de la Chapelle, elle a attendu Lantier toute la nuit : « Depuis huit jours, le dîner à peine terminé, il s'en va en racontant qu'il cherche du travail et il réapparaît, tard dans la nuit, à l'aube parfois[2]. »

Ce jour-là, les enfants, Claude et Étienne, dorment encore dans la chambre, mais le soleil embrase déjà le ciel, quand Lantier rentre enfin. Gervaise est éperdue d'angoisse : « Je n'ai pas pu fermer l'œil... je croyais qu'on t'avait fait un mauvais coup... Où es-tu allé ? »

« Où j'avais affaire... Fiche-moi la paix ».

Une querelle brutale s'ensuit. Les enfants se réveillent apeurés. Lantier envoie alors Gervaise porter leurs dernières « nippes » au Mont-de-Piété.

Un peu plus tard, Gervaise va au lavoir pour laver les chemises des petits ; et Lantier en profite pour quitter la chambre avec sa malle, et les reconnaissances de dettes du Mont-de-Piété.

C'est ainsi que Gervaise se retrouve seule avec ses deux enfants : sans argent, sans meubles, sans habits... Elle est jolie, Gervaise, une belle blonde à la peau rosée et aux hanches un peu rondes ; elle est jolie mais elle tire légèrement la jambe : c'est une

1. Récit complet.
2. Les passages entre guillemets sont empruntés à l'ouvrage original. Nous les avons parfois transcrits au présent, pour les intégrer à notre récit.

petite infirmité de naissance qui se voit à peine, d'ailleurs ; Gervaise boite seulement lorsqu'elle est fatiguée, et ça n'empêche pas les hommes de se retourner sur son passage. Elle sait bien que Lantier l'a abandonnée pour une autre fille ; elle n'est d'ailleurs pas mariée avec lui, mais c'est le père de Claude et d'Étienne.

Comme Gervaise est courageuse, elle trouve rapidement du travail comme blanchisseuse ; parfois, elle songe à Lantier avec dépit, tandis qu'un ouvrier zingueur, Coupeau, lui fait assidûment la cour ; leur premier tête-à-tête a lieu à l'Assommoir du Père Colombe : Coupeau a invité Gervaise à déguster une prune à l'eau-de-vie...

Regardez l'Assommoir :

« L'enseigne porte, en longues lettres bleues, le seul mot : « Distillation » d'un bout à l'autre. Il y a à la porte, dans deux moitiés de futaille, des lauriers-roses poussiéreux. Le comptoir énorme, avec ses files de verres, sa fontaine et ses mesures d'étain, s'allonge à gauche en entrant ; et la vaste salle, tout autour, est ornée de gros tonneaux peints en jaune clair, miroitants de vernis, dont les cercles et les cannelles de cuivre luisent. Plus haut, sur des étagères, des bouteilles de liqueurs, des bocaux de fruits, toutes sortes de fioles en bon ordre, cachent les murs, reflètent dans la glace, derrière le comptoir, leurs taches vives, vert pomme, or pâle, laque tendre. Mais la curiosité de la maison est, au fond, de l'autre côté d'une barrière de chêne, dans une cour vitrée, l'appareil à distiller que les consommateurs voient fonctionner, des alambics aux longs cols, des serpentins descendant sous terre, une cuisine du diable devant laquelle viennent rêver les ouvriers soûlards. » Les habitués de ce genre d'endroit sont souvent des ouvriers paresseux, on les appelle alors « les sublimes » (deux d'entre eux auront leur place dans notre récit, un dénommé « Mes Bottes » et un certain « Bibi-la-Grillade »). Gervaise hésite à se mettre en ménage avec Coupeau, il est courageux, sobre, mais elle ne peut oublier son échec avec Lantier ; elle a deux enfants, elle boite...

« — Oh, ce n'est presque rien, ça ne se voit pas » dit Coupeau.

« — Vous avez un drôle de goût d'aimer une boiteuse » répond Gervaise. »

Gervaise rêve de « travailler, de manger du pain, d'avoir un trou à soi, d'élever ses enfants, de mourir dans son lit et de ne pas être battue », car elle se souvient de sa mère : la pauvre femme que le père Macquart rouait de coups. « Cent fois, celle-ci lui avait raconté les nuits où le père rentrait soûl, se montrait d'une galanterie si brutale qu'il lui cassait les membres, et sûrement, elle[1] avait poussé une de ces nuits-là, avec sa jambe en retard. »

Finalement, Gervaise accepte l'amitié de Coupeau. Elle l'accompagne chez son beau-frère et sa sœur, les Lorilleux, des artisans chaînistes que le travail de l'or et l'absence d'enfants ont rendus avares, cupides, sournois. Ils mépriseront Gervaise et bientôt, parce qu'elle boite, ils la surnomment « la Banban ».

Pourtant, Gervaise se décide à épouser Coupeau, et pendant quatre ans, ils seront heureux. De leur union, naîtra une petite fille, « Nana ». Ils ont fait des économies et Gervaise est sur le point de réaliser son rêve : louer une boutique pour s'installer comme blanchisseuse à son compte. Un jour, c'est l'accident : Gervaise et Nana sont allées voir travailler Coupeau sur un toit ; Nana aperçoit son père : « Papa ! papa ! crie-t-elle de toute sa force ; papa, regarde donc ! »

« Le zingueur veut se pencher, mais son pied glisse. Alors, brusquement, bêtement, comme un chat dont les pattes s'embrouillent, il roule, il descend la pente légère de la toiture , sans pouvoir se rattraper : « Nom de Dieu ! » dit-il d'une voix étouffée » ; Coupeau est grièvement blessé. Gervaise ne veut pas le mettre à l'hôpital et, pour le soigner, elle dépense toutes les économies prévues pour « sa blanchisserie ». La longue convalescence de Coupeau le laisse oisif ; il prend goût à la paresse et au vin. Les Lorilleux l'excitent contre Gervaise ; il se met à battre le jeune Étienne.

Pourtant, tout n'est pas perdu. Les Coupeau ont fait la connaissance de leurs voisins de palier, les Goujet : la mère et le fils. Le fils Goujet, dit « La Gueule d'Or », a un penchant (très platonique, d'ailleurs) pour Gervaise ; malgré les objections de sa mère, il prête de l'argent à la jeune femme : elle aura sa boutique.

Et voilà Gervaise installée à son compte ; elle a 28 ans, elle est rayonnante ; elle emploie des ouvrières, il fait bon et chaud dans sa blanchisserie. Coupeau a repris son travail, mais de plus en plus souvent, il rejoint le clan des « sublimes » avec « Mes-Bottes » et « Bibi-la-Grillade ». Gervaise essaye encore de comprendre, de l'excuser — la porte de la blanchisserie est

1. Gervaise.

largement ouverte à qui veut venir bavarder un instant. Gervaise travaille, elle gagne bien sa vie ; elle peut, de temps en temps, s'offrir des douceurs et de bons plats — les Lorilleux sont de plus en plus jaloux. Elle est estimée dans le quartier, Gervaise, car elle est serviable, généreuse : elle accepte même d'installer, chez elle, la vieille maman Coupeau ; mais elle devient vraiment de plus en plus gourmande et dépensière. Elle ne rembourse pas l'argent qu'elle doit à Goujet : il ne dit rien car son amitié pour elle est proche de l'amour ; alors, Gervaise, sans scrupule, se laisse aller, elle aime flâner, elle traîne dans son travail.

Un beau jour, elle rencontre Virginie, une espèce de grande garce dont la sœur s'était mise en ménage avec Lantier quand il avait quitté Gervaise. Virginie n'est pas particulièrement amie avec Gervaise (un jour, elles s'étaient même copieusement battues toutes les deux au lavoir, à propos de Lantier), mais Gervaise voudrait tellement savoir ce qu'est devenu son premier amant ; elle y pense peut-être encore un peu, d'une certaine façon... Virginie sait, d'ailleurs, exciter la curiosité de Gervaise, et ça ne lui déplaît pas de venir bavarder à la blanchisserie, au coin du fourneau.

Coupeau, lui, s'est mis à boire, il s'est mis à boire de l'eau-de-vie : « du vitriol » ! Nous approchons du 19 juin, le jour de la fête de Gervaise et quelle fête ! De plus en plus, Gervaise ne manquait pas une occasion de bien manger : « Dès qu'on avait quatre sous dans le ménage, on les bouffait. On inventait des saints sur l'almanach, histoire de se donner des pretextes de gueuletons. » Alors, ce jour-là... vous pensez... On devait être quatorze à table.

« La fête tombait justement un lundi... Gervaise comptait sur l'après-midi du dimanche pour commencer la cuisine... Dès trois heures, maman Coupeau allume les deux fourneaux de la maison et un troisième fourneau en terre emprunté aux Boche. A trois heures et demie, le pot-au-feu bout dans une grosse marmite prêtée par le restaurant d'à côté... On avait décidé d'accommoder la veille la blanquette de veau et l'épinée de cochon, parce que ces plats sont meilleurs réchauffés... Il restera encore bien assez de besogne pour le lundi, le potage, les pois au lard, l'oie rôtie... Enfin, le lundi arrive... Gervaise craint de ne pas pouvoir caser tout ce monde... Elle se décide à mettre le couvert dans la boutique... La matinée entière est employée à terminer les achats... A quatre heures, on met l'oie à rôtir ; et la bête était si grosse, qu'il avait fallu l'enfoncer de force dans la rôtissoire... » Les invités arrivent, ils sont endimanchés et apportent des pots de fleurs (sauf les Lorilleux, bien entendu, qui arrivent les mains vides). Enfin, on se met à table. Au début, on parle peu et on mastique ferme. « Le saladier (rempli de blanquette) se creuse... les grands pains... ont l'air de fondre... entre les bouchées, on entend les culs des verres retomber sur la table... Puis, une clameur s'élève... Gervaise porte l'oie, les bras raidis, la face suante, épanouie dans un large rire silencieux... Quand l'oie est sur la table, énorme, dorée, ruisselante de jus, on ne l'attaque pas tout de suite. C'est un étonnement, une surprise respectueuse... Et le vin donc, mes enfants, ça coule autour de la table comme l'eau coule à la Seine. » On rit... on en lâche de fortes ; il commence à faire chaud, et l'on ouvre la porte de la boutique.

Au dessert, au milieu des grivoiseries, des bravos et des chansons, Lantier apparaît sur le trottoir d'en face. Coupeau s'emporte :

- « Nom de Dieu ! C'est trop fort... Ah ! le sale mufle... »

Puis, il va lui dire deux mots. Finalement, les deux hommes se lancent des injures amicales et c'est le zingueur qui pousse Lantier et le force à traverser la rue pour entrer dans la boutique.

On est gris, on chahute encore un peu. La fête se termine, mais Lantier reviendra ; il reviendra et il deviendra le meilleur ami de Coupeau. Ses visites à la blanchisserie sont maintenant de plus en plus fréquentes, et finalement, à l'instigation du zingueur, Lantier vient s'installer chez les Coupeau et vivre aux crochets de Gervaise. Celle-ci est mal à l'aise entre les deux hommes ; elle confie son angoisse à son ami Goujet ; il lui propose de partir avec lui ; elle refuse et finalement, par faiblesse, elle se jettera dans le lit de Lantier, un soir où Coupeau cuve son vin.

Après le déclin, c'est alors la déchéance ; Gervaise dépense de plus en plus, elle ne fait plus son travail, les clientes s'en vont une à une, elle renvoie ses ouvrières, elle grossit, ne se lave plus, n'entretient plus le magasin. La mort et l'enterrement de maman Coupeau lui enlèvent ses derniers sous ; elle perd l'amitié de Goujet et finalement, abandonne sa boutique à Virginie dont Lantier deviendra le « pensionnaire » ! Les Coupeau vivent maintenant « sous les toits, dans le coin des pouilleux, dans le trou le plus sale ». Ils s'enfoncent dans la misère et la débauche.

Nana a treize ans, elle entre en apprentissage comme fleuriste ; elle est déjà gâchée par la promiscuité, la misère, la faim, des parents qui se soûlent. Nana se sauve à plusieurs reprises, avant de quitter définitivement le couple de pochards que forment maintenant Gervaise et Coupeau.

Le zingueur fait plusieurs séjours à Sainte-Anne, la misère s'accentue. Gervaise lave le plancher de la boutique de Virginie ; puis, elle fait les poubelles pour trouver à manger. Dans leur taudis, il leur reste seulement un tas de paille en guise de lit. Gervaise essaye, en vain, de mendier et de se prostituer : elle est grosse, vieille, laide et si vous la voyiez boiter !...

Coupeau meurt à Sainte-Anne au cours d'une crise de delirium tremens. Quant à Gervaise, « dès qu'elle possède quatre sous, elle boit et bat les murs. On la charge des sales commissions du quartier. Un soir, on avait parié qu'elle ne mangerait pas quelque chose de dégoûtant, et elle l'a mangé pour gagner dix sous ».

Elle loge maintenant sous l'escalier.

« Un matin, comme ça sentait mauvais, on se rappela qu'on ne l'avait pas vue depuis deux jours ; et on la découvrit déjà verte, dans sa niche. »

2. *La perle* de J. Steinbeck[1].

« Dans la ville, on raconte l'histoire d'une grosse perle — comment elle fut trouvée, puis perdue à nouveau ; l'histoire de Kino le pêcheur, de sa femme Juana et de leur bébé, Coyotito. Et comme l'histoire a été si souvent racontée, elle est enracinée dans la mémoire de tous. Mais, tels les vieux contes qui demeurent dans le cœur des hommes, on n'y trouve plus que le bon et le mauvais, le noir et le blanc, la grâce et le maléfice — sans aucune nuance intermédiaire.

« Si cette histoire est une parabole, peut-être chacun en tirera-t-il sa propre morale et y découvrira-t-il le sens de sa propre vie... »

Kino est un jeune pêcheur indien, très pauvre, qui vit en Californie avec sa femme Juana et leur bébé Coyotito. Leur maison est une hutte sans confort, ils vivent chichement. Le petit Coyotito a pour berceau une caisse accrochée au plafond.

1. Récit complet. Les citations entre guillemets se réfèrent au texte original de l'auteur (Folio n° 428, éd. Gallimard).

Un matin, peu après le réveil des parents, un scorpion descend le long de la corde qui sert à suspendre la caisse de Coyotito. La piqûre du scorpion est mortelle, et l'enfant est très jeune. Kino voit l'animal, il a peur car il est superstitieux, et dans sa tête, il entend « le Chant du Mal, la musique de l'ennemi... ». Juana regarde et « répète dans un souffle une vieille formule magique destinée à conjurer ce danger » ; pour augmenter leur angoisse « dans sa caisse, Coyotito rit et tend la main vers l'animal. Celui-ci flaire le danger au moment où Kino arrive presque à sa portée. Il s'immobilise, sa queue se soulève au-dessus de son dos par petites secousses et, à son extrémité, le dard recourbé scintille. Kino se tient parfaitement immobile. Il entend Juana chuchoter une fois de plus la vieille incantation, et en même temps, il entend la maudite chanson de l'ennemi. Tant que le scorpion ne bouge pas, Kino ne peut pas bouger non plus, et l'animal, figé, cherche à deviner d'où viendra le coup. La main de Kino avance très lentement, presque imperceptiblement. La queue armée se dresse d'une secousse. Et, juste à cet instant, Coyotito, secoué par le rire, agite la corde et le scorpion tombe.

« La main de Kino bondit pour le saisir mais, échappant à ses doigts, il vient atterrir sur l'épaule du bébé et frappe. Alors, avec un cri de colère, Kino s'en saisit, l'empoigne et l'écrabouille dans ses mains. Il le lance à terre et, de ses poings, l'aplatit sur le sol, tandis que Coyotito hurle de douleur dans sa caisse...

« Mais Juana saisit le bébé dans ses bras. Elle découvre la piqûre qui, déjà, s'enflamme. Elle pose les lèvres sur la blessure et suce fort, crache puis suce encore, pendant que l'enfant crie. » Les voisins arrivent, affolés. Le bébé gémit : va-t-il mourir ? Juana décide qu'il faut aller quérir le docteur à la ville — réaction naturelle et banale pour nous ; c'est, dans ce village de pauvres pêcheurs indiens, une audace sans précédent, « et l'obtenir serait plus remarquable encore », nous dit l'auteur. La décision de Juana est prise ; elle enveloppe le bébé dans son châle ; Kino l'accompagne ; ils sont suivis de la plupart des habitants du village car là-bas, en cas d'événement, tout le monde s'associe. Et ce cortège de pauvres gens arrive jusqu'à la maison du docteur.

Kino entre et explique au domestique la raison de sa venue. Juana attend avec le bébé enveloppé dans son châle.

Le médecin est un gros homme qui mange des gâteaux, boit du

chocolat et méprise les pauvres ; quand son domestique lui explique l'affaire, il répond :

« Est-ce que je n'ai rien de mieux à faire que de soigner les piqûres d'insectes des « petits Indiens » ? Suis-je un docteur ou un vétérinaire ?... » A-t-il de l'argent ? Kino a pour toute monnaie « huit petites perles plates, informes, aussi grises et repoussantes que des petits ulcères et presque sans valeur ». Le domestique déclare que le docteur est sorti.

Alors le cortège des pauvres Indiens repart. Kino, Juana et le petit Coyotito gagnent leur pirogue : leur seule richesse. Juana prie pour l'enfant. Kino va pêcher des huîtres. Soudain, « au flanc du rocher, sous une saillie, il voit une énorme coquille nue et solitaire », et son esprit entend « le Chant de la Perle que l'on attend ». « Juana pose la main sur la tête enveloppée de Coyotito.

- Ouvre-la, fait-elle à voix basse.

« Kino introduit adroitement sa lame entre les valves. Sous la poussée, il sent le muscle résister. Jouant de sa lame comme d'un levier, il le fait céder et le coquillage s'ouvre. Les lèvres de chair se crispent puis se détendent. Kino soulève les replis et la perle est là, la grosse perle, parfaite comme une lune. Elle accroche la lumière, la purifie et la renvoie dans une incandescence argentée. Elle est aussi grosse qu'un œuf de mouette. C'est la plus grosse perle du monde ».

« Quittant des yeux la perle, il voit que l'épaule de l'enfant désenfle, le poison se résorbe. » A partir de cet instant, Kino s'imagine que la chance et la richesse se sont unies pour le combler ; la musique de la perle enchante ses rêves : il va se marier à l'église avec Juana puisque, maintenant, il a de quoi payer. Ils auront tous les trois des habits neufs. Kino s'achètera un harpon neuf et peut-être une carabine Winchester : le rêve le plus fou. Et puis, Coyotito ira à l'école. Les voisins se sont entassés dans la hutte, et ils écoutent les rêves de Kino. « Au fond de la pièce, un homme chuchote : « Un fusil. Il va avoir un fusil ! »

« L'inspiration prophétique illumine maintenant le visage de Kino : « Mon fils saura lire dans les livres. Mon fils saura tracer les chiffres et tout cela nous rendra libres, car il aura la connaissance des choses et à travers lui nous l'aurons aussi. »

En fait, la perle du monde va déchaîner toutes les forces du mal contre Kino et sa famille, car les nerfs de la ville avaient vibré et battu à la nouvelle et les riches de la ville furent dévorés par l'envie, la cupidité et la révolte : la perle du monde ne pouvait appartenir à Kino, le pauvre Indien, il fallait la lui dérober.

Le médecin, d'abord, va se déplacer jusqu'au village pour soigner Coyotito ; l'enfant va beaucoup mieux, il est presque guéri ; alors le gros médecin, buveur de chocolat et mangeur de gâteaux, empoisonne Coyotito... Puis, il revient un peu plus tard, et fait avaler à l'enfant un contre-poison, pour avoir l'air de le guérir ; il espère, ainsi, se faire payer très cher : devenir propriétaire de la perle du monde...

Elle est cachée dans la hutte de Kino, la perle, et pendant la nuit, on voit rôder des ombres noires qui essayent de la voler.

Alors, Kino décide d'aller à la ville, pour la vendre aux marchands ; ils en proposent un prix ridicule : « Elle est trop grosse. Qui voudra l'acheter ? »

Kino revient au village avec sa perle ; bientôt, sa hutte est incendiée, sa pirogue est défoncée. Juana en perd la tête, elle veut rejeter la perle à la mer ; Kino la surprend sur la plage, il la frappe et, au même instant... il est agressé par un homme qui parvient à saisir la perle. Kino sort son couteau et tue le voleur.

Après le crime, il faut fuir maintenant. Kino, le meurtrier et le porteur de la perle, Juana et Coyotito s'engagent dans le désert, pour gagner la ville inconnue où ils pourront se cacher, et vendre à bon prix leur trésor... Ils sont traqués par la police — ils s'arrêtent — se cachent — Coyotito pousse un petit cri. Les hommes de la police entendent un bruit — ils tirent — Coyotito est tué.

Alors, Kino et Juana rentrent au village. Kino porte un fusil qu'il a pris aux meurtriers de son fils, après les avoir tués avec son couteau. « Juana a chargé son châle sur l'épaule comme un sac. Et dedans repose un petit paquet mou et pesant. » Ils traversent le village et la ville jusqu'à la plage « et Kino, levant le bras très haut, lance la perle de toute sa force ».

3. *Le vieil homme et la mer* d'E. Hemingway[1].

Nous sommes sur la côte de la Havane, dans un village si petit que son nom ne figure même pas sur la carte de géographie. C'est

1. Récit partiel. Les citations entre guillemets se réfèrent au texte original de l'auteur (Folio n° 7, éd. Gallimard).

un tout petit village de pêcheurs, avec ses cabanes, ses filets, et son port où reposent les bateaux. Le soir, les hommes se réunissent dans l'unique bistrot : « La Terrasse » pour parler de la mer, de la pêche et du base-ball (tous les Américains, même les pêcheurs, s'intéressent au base-ball).

Parmi eux, le vieux Santiago : un marin qui connaît toutes les ruses de la mer ; il a les cheveux blancs, un visage hâlé, buriné par le sel et le vent du large, un regard plein de rêve, de courage et de bonté.

Quand on aperçoit la large silhouette de Santiago, à peine tassée par les ans, il est bien rare de ne pas voir à ses côtés Manolin, un gamin d'une douzaine d'années, à l'allure décidée, au regard vif et tendre.

Les parents de Manolin avaient confié leur garçon au vieux Santiago pour qu'il lui enseigne l'art de la pêche, le travail de la mer. Chaque matin, le vieil homme et le gamin embarquaient tous les deux pour aller pêcher, dans l'océan, le thon, la dorade et la sardine, et pourquoi pas l'espadon ! Chaque matin, pendant quarante jours, ils partirent tous les deux, et chaque soir ils rentrèrent les derniers, le bateau léger, le bateau vide : ils n'avaient pas pêché le moindre poisson. Il fallait alors passer devant les autres pêcheurs qui avaient eu le temps de trier leur pêche abondante, et chargeaient déjà leurs poissons dans des camions frigorifiques. Au début, les autres ne remarquèrent même pas Santiago et Manolin, chargés de leurs seules amorces et de leurs filets : ils étaient bien trop occupés à compter le prix de leur pêche ; mais, au bout du dixième jour, les langues se délièrent : les femmes s'étaient aperçu que la barque de Santiago revenait de la pêche, toujours vide... Après une rude journée infructueuse, le vieil homme et le gamin devaient maintenant affronter les rires narquois et les sarcasmes, pour aller déposer le matériel dans la cabane de Santiago.

Les parents de Manolin furent informés de la situation : quarante jours de mer sans avoir attrapé le moindre poisson ! Ce n'était plus supportable. On décida que Manolin irait faire son apprentissage sur un autre bateau.

Le vieil homme continua à partir tout seul chaque matin, et chaque soir, il rentrait la barque vide, et cela dura encore quarante quatre jours, et les autres l'appelaient maintenant « le malchanceux ».

Dès le retour de la pêche, Manolin venait voir le vieil homme :

c'était son ami, et tous les deux parlaient du base-ball, de la mer et de ses beaux poissons, comme si tout allait bien. Ils trichaient tous les deux avec la vérité, par délicatesse, par bonté, de la part de Manolin, par dignité, par fierté, la vraie fierté, celle qui s'oppose à la vantardise et à l'orgueil, de la part de Santiago. Leurs mensonges étaient pleins de confiance, d'amitié et d'espoir...

«— Qu'est-ce que t'as à manger ? demanda le gamin.

— Une potée de riz au safran avec du poisson. T'en veux ?

— Non. Je mangerai à la maison. Tu veux-t-y que je fasse du feu ?

— Non, j'en ferai plus tard. Peut-être que je mangerai le riz froid.

— Je peux-t-y prendre le filet à sardines ?

— Bien sûr.

« Il n'y avait pas de filet à sardines ; le gamin se rappelait fort bien l'époque où il avait été vendu ; mais ils jouaient cette petite comédie tous les jours. Il n'y avait pas davantage de riz au safran ni de poisson. »

Quand il dormait, le vieil homme rêvait de l'Afrique : « Il rêva de l'Afrique de sa jeunesse, des longues plages dorées, des plages éclatantes, si éclatantes qu'elles font mal aux yeux, des caps altiers, des grandes montagnes brunes. Toutes ses nuits, il les passait sur cette côte africaine ; le mugissement des vagues emplissait ses rêves, et il voyait les pirogues des nègres courir sur les brisants. L'odeur de goudron et d'étoupe que l'on sent sur les ponts de bateaux parfumait son sommeil. A l'aurore, c'est l'odeur même de l'Afrique que la brise de terre lui apportait. »

Quand il était éveillé, le vieil homme rêvait de pêcher de beaux poissons.

Un matin, « le gamin revint avec les sardines et les deux appâts enveloppés dans du papier de journal...

— Bonne chance, grand-père.

— Bonne chance à toi, dit le vieux. »

Et le gamin partit avec son nouveau patron. Et le vieux partit tout seul pour pêcher de beaux poissons. Le vieux savait qu'il irait très loin, il laissait derrière lui le parfum de la terre...

Et il partit à la rencontre de l'océan et de ses merveilles. Il vit des poissons volants qui jaillissaient de l'eau. — C'étaient, pour ainsi dire, ses seuls amis sur l'océan — des oiseaux... des méduses — les choses les plus traîtresses de la mer - des tortues.

Le vieux ramait toujours, peu lui importait le temps. Comme il surveillait ses lignes, une des badines vertes qui servait de flotteur piqua brusquement du nez.

« Voilà ! Voilà ! dit-il, j'arrive ! »

« A cent pieds en dessous, un espadon était en train de manger les sardines qui recouvraient la pointe et la saillie de l'hameçon. »

L'espadon est un poisson qui atteint au moins quatre mètres de long. Et c'était bien un espadon qui était en train de dévorer les sardines qui servaient d'appât.

Avec cet espadon, Santiago, le vieux marin solitaire, va vivre en mer une des plus extraordinaires aventures que j'ai jamais lues, et je souhaite que vous ayez envie de la lire à votre tour, dans le livre d'Hemingway : *Le vieil homme et la mer.*

BILAN DES PROCÉDÉS

- Reproduire, au début du récit, les détails qui campent les personnages principaux, et ceux qui situent l'action dans le temps et dans le lieu (cf. ex. 1 : « Gervaise est accoudée à une fenêtre de l'hôtel Boncœur, boulevard de la Chapelle... » - Ex. 2 : « Kino est un jeune pêcheur indien, très pauvre, qui vit en Californie... »).
- Supprimer les chapitres, les scènes, les personnages accessoires qui risquent de distraire l'auditeur du thème majeur de l'ouvrage que l'on a choisi de mettre en récit (cf. ex. 1, dans *L'assommoir :* nous avons à peine évoqué la querelle au lavoir entre Gervaise et Virginie ; nous n'avons pas mentionné la petite Lalie et le père Bru).
- Utiliser largement des extraits empruntés au livre choisi et les mêler directement au texte du récit (dans nos exemples, les extraits du livre sont entre guillemets ; nous avons pris la liberté de mettre certains verbes au présent pour incorporer directement les passages du livre à notre récit ; il ne s'agit pas de plagiat : cette technique est indispensable pour reproduire l'atmosphère de l'ouvrage ; elle fait partie du travail d'adaptation.
- Inviter l'auditeur à être le témoin visuel ou auditif de certaines scènes (cf. ex. 1, p. 49 : « Regardez l'Assommoir » - Ex. 3, p. 56 : « Nous sommes sur la côte de la Havane »).

- Employer souvent le style direct pour faire vivre les personnages (cf., dans nos exemples, la place des dialogues).
- Utiliser des mots simples, expressifs, parfois familiers ; le langage du récit doit être compris par chaque auditeur, sans effort (cf. ex. 1, p. 48 : « Elle est jolie, Gervaise, une belle blonde à la peau rosée et aux hanches un peu rondes » - p. 51 : « Un beau jour, elle rencontre Virginie, une espèce de grande garce »).
- Exploiter les répétitions, les tours superlatifs, l'accumulation, qui sont des procédés d'insistance et de réveil, pour maintenir l'intérêt de l'auditoire et souligner l'aspect « extraordinaire » du récit (cf. ex. 1, p. 48 : « Gervaise se retrouve seule... sans argent, sans meubles, sans habits » - p. 48 : « Elle est jolie, Gervaise... elle est jolie mais elle tire... la jambe » - Ex. 3, p. 56 : « un village si petit que son nom ne figure même pas sur la carte de géographie ».
- Exploiter la description détaillée lorsqu'elle illustre un moment important du récit (cf. ex. 1, p. 51 : la description de la fête de Gervaise).
- Au moment où l'on dit le texte, s'exprimer avec émotion comme si l'on avait été le témoin authentique des scènes, des situations, des anecdotes que l'on conte. Ménager des silences — articuler. Utiliser tour à tour un débit lent ou précipité, au service du rêve, de l'évasion, de l'émotion, ou des actions secondaires et des moments palpitants.
- Pour le récit partiel, les procédés sont absolument identiques. L'interruption doit se situer à un moment d'intense émotion : juste avant ou immédiatement après une révélation ou un événement qui laisse l'auditeur en état d'attente, d'anxiété, de rêve ou d'espoir. Cette interruption du récit doit être brusque (elle peut laisser une phrase incomplète : cf. l'ex. n° 3, p. 59 : on aurait pu interrompre le texte en disant : « Brusquement, comme il surveillait ses lignes... »). Cette rupture inattendue doit correspondre à « l'invitation à la lecture du livre » que l'auditeur intéressé acceptera[1].

1. Ne confondons pas le récit avec le résumé long. Le résumé long est un exercice de synthèse. Le récit est une adaptation et un travail de choix : élaguer certains chapitres, certains moments du livre que l'on juge accessoires, au profit de certaines scènes que l'on relate avec détails.

EXERCICE D'ENTRAÎNEMENT

Prévoir le récit partiel de *L'assommoir :* Ex. 1. Quels sont les moments possibles de brusque interruption (cf. suggestions, p. 77) ?

B. Le slogan du livre

- Exercice essentiellement écrit.
- Tous niveaux, mais surtout premier cycle ou débutants.
- Exercice de langage particulièrement adapté à l'esprit de la grammaire transformationnelle (cf. la différence entre le slogan et le résumé court, p. 9).
- Travail d'imagination et de créativité.

OBJECTIF ET DÉFINITION

Le slogan, « formule commerciale », utilisé pour caractériser tel livre, est une autre forme d'invitation à la lecture. En quelques mots essentiellement expressifs, il doit motiver le futur lecteur, éveiller son intérêt, frapper son imagination.

Le slogan est un compte rendu du livre, stylisé avec excès. Son allure commerciale peut choquer certains : certes, ce n'est pas une communication fidèle de l'œuvre, qui est déformée : réduite à une seule dimension gonflée d'importance. C'est, néanmoins, une définition élogieuse du livre, un hommage plus qu'une trahison, si l'on ne veut pas oublier que l'objectif de ce slogan est d'éveiller le goût de la lecture.

Au service de la connaissance de notre langue et de son utilisation, le slogan correspond à une forme de message tout à fait particulier ; on peut en mesurer les caractéristiques par des exercices de transformation (par exemple, changer le résumé court du livre en slogan ou inversement — réduire le résumé long de tel livre à une seule phrase ayant une signification publicitaire, etc.).

Le slogan fait appel à la créativité, à l'imagination ; il entraîne à choisir et à doser les procédés d'information et de suggestion, au service de la motivation.

EXEMPLES

1. Le Père Goriot d'H. de Balzac.

La triste fin d'un père rongé par sa passion pour ses filles qui l'ont ruiné. Les dessous insoupçonnés de la vie de salon dans le Paris du XIXe s. L'étrange personnalité d'un ancien forçat évadé. L'ascension dans le monde d'un étudiant pauvre.

2. L'assommoir d'É. Zola.

L'assommoir, l'enseigne diabolique d'un bistrot du XIXe s. : on y distille l'eau-de-vie devant les ouvriers soûlards. La déchéance totale d'un couple d'ouvriers assassinés par l'alcool : elle, deviendra « Gervaise la pocharde » ; lui, sera « Coupeau le fou ».

3. Moderato Cantabile de M. Duras.

La fascinante métamorphose de la femme d'un riche industriel : elle vient boire du gros rouge au bistrot du port, pour revivre les mobiles d'un crime passionnel.

4. L'huile sur le feu d'H. Bazin.

A Saint-Leup, on entend l'alerte au feu chaque soir de noces (et l'on s'y marie souvent !). S'agit-il d'actes criminels ? Qui est l'incendiaire ?...

5. L'étranger d'A. Camus.

Un homme est condamné à mort parce qu'il n'a pas suffisamment pleuré à l'enterrement de sa mère...

6. *La faute de l'abbé Mouret* d'É. Zola.

Un prêtre est éloigné de sa cure pour dépression nerveuse. Il vit une très belle aventure amoureuse dans un jardin paradisiaque.

7. *La perle* de J. Steinbeck.

Comment l'acquisition de la plus belle perle du monde conduit un pauvre pêcheur indien à devenir meurtrier.

8. *Bel-Ami* de G. de Maupassant.

Dans le monde de la presse, à la fin du siècle dernier, Georges Duroy réussit une carrière fulgurante grâce à son succès auprès des femmes.

9. *Qui j'ose aimer* d'H. Bazin.

Une jeune fille ose aimer le second mari de sa mère : celle-ci est défigurée par une maladie incurable.

10. *Des souris et des hommes* de J. Steinbeck.

Dans un ranch, jusqu'où peut aller l'amitié entre deux hommes, lorsqu'il s'agit de vie et de mort.

11. *Madame Bovary* de G. Flaubert.

Jusqu'où peuvent aller les folies d'une femme, lorsqu'elle confond la vie avec les romans et avec ses rêves.

12. *Le vieil homme et la mer* d'E. Hemingway.

Un vieux marin, seul en mer, pêche un espadon plus grand que sa barque. Il est attaqué par les requins...

13. *Les misérables* de V. Hugo.

Les prodigieuses aventures, la carrière sociale, l'ascension morale d'un ancien forçat, Jean Valjean, traqué par le policier Javert.

14. *Le rouge et le noir* de Stendhal.

Julien Sorel, subjugué par Napoléon, se destine au sacerdoce par nécessité. Il se laisse aller à deux passions amoureuses qui lui seront fatales.

BILAN DES PROCÉDÉS

- S'exprimer en quelques mots (une à trois phrases) à travers lesquels l'information, la suggestion, le mystère sont habilement dosés — Utiliser parfois la phrase nominale ou elliptique du verbe[1].

L'information : Ex. 2 : « La déchéance totale d'un couple d'ouvriers assassinés par l'alcool » - Ex. 4 : « A Saint-Leup, on entend l'alerte au feu chaque soir de noces. »

La suggestion : Ex. 2 : *« L'assommoir,* l'enseigne diabolique d'un bistrot du XIXe s. : on y distille l'eau-de-vie devant les ouvriers soûlards... »

Le mystère : Ex. 4 : « S'agit-il d'actes criminels ? Qui est l'incendiaire ? - Ex. 11 : « Jusqu'où peuvent aller les folies d'une femme... » - Ex. 12 : « Il est attaqué par les requins... »

- Préférer le terme évocateur, allégorique, au mot juste. Utiliser des tours superlatifs, des procédés expressifs, des qualifiants excessifs, pour donner au livre choisi l'allure d'un document exceptionnel : Ex. 1 : « Les dessous *insoupçonnés »* - Ex. 2 : « L'enseigne *diabolique »* - Ex. 3 : « La *fascinante* métamorphose » - Ex. 8 : « Une carrière *fulgurante ».*

- Suggérer que le dénouement d'un tel livre a « une saveur », « un piment » qu'il faut nécessairement goûter : Ex. 6 : « Il vit une très belle aventure... dans un jardin paradisiaque » - Ex. 10 : « Jusqu'où peut aller l'amitié entre deux hommes, lorsqu'il s'agit de vie et de mort » - Ex. 14 : « Il se laisse aller à deux passions... qui lui seront fatales. »

EXERCICE D'ENTRAÎNEMENT

Imaginez un slogan pour les ouvrages suivants : *Le chien jaune* de Simenon - *La dentellière* de Pascal Lainé - *Le désert des Tartares* de Dino Buzzati - *Le procès* de Kafka (cf. suggestions, p. 78).

1. Phrases sans verbe dont l'action est exprimée par un nom ou sous-entendue. Le procédé est souvent utilisé pour titrer les articles des journaux.

Invitation au théâtre 6

- Exercice exclusivement oral (sa rédaction correspond à la phase de préparation).
- Tous niveaux, mais période d'apprentissage assez longue avant la mise au point.
- Exercice de créativité et d'imagination.
- Initiation à la mise en scène.
- Bonne formule pour le théâtre en classe ou le théâtre d'amateur.

OBJECTIF ET DÉFINITION

Nous terminerons notre ouvrage sur une note de gaieté. « Nous vous invitons au théâtre ». A vous de jouer... Soyez créateurs, conteurs, metteurs en scène, acteurs. Épuisez toutes les ressources de votre imagination, et adressez-vous avec audace, mais avec goût, au plus exigeant des publics : « les spectateurs ».

Notre objectif est de présenter une œuvre dramatique, sous forme d'adaptation et en tant que spectacle.

- Sous forme d'adaptation, nous mettons en récit l'œuvre dramatique choisie.
- En tant que spectacle, le récit est « interprété » par un conteur-animateur, et une ou deux scènes de la pièce sont jouées par une équipe d'acteurs.

Nous avons différencié le récit d'une œuvre dramatique de celui du roman, car son contexte est différent ; le conteur est sur scène, et il a maintenant un rôle de présentateur et d'animateur ; son expression doit être plus vivante. On écoute le conteur d'un roman, on s'évade, on rêve. Le spectateur « regarde » le présentateur de la pièce ; il peut applaudir, manifester son enthousiasme. En fait, c'est essentiellement par le ton et l'expression gestuelle que le récit d'une œuvre dramatique diffère de celui du roman ; la rédaction préparatoire du texte que l'on « dira » utilise les mêmes procédés d'expression dans les deux cas. En conséquence, on peut relire avec soin les p. 59 et 60, et les exemples p. 48 à 59 peuvent être source d'inspiration.

- Cet exercice correspond à un travail de groupe : un conteur et deux à cinq acteurs (selon le nombre de personnages de la scène choisie) par équipe. Le conteur peut, également, être interprète ; mais il est préférable qu'il se consacre à son propre rôle, et à celui de metteur en scène. Après l'interprétation, le conteur doit intervenir une seconde fois (sauf si l'on a joué la dernière scène) soit pour raconter la fin de la pièce, soit pour inviter les spectateurs à découvrir eux-mêmes le dénouement, par une lecture personnelle de l'œuvre choisie (cf. la technique du récit partiel, p. 60).

Nous avons souvent pratiqué cet exercice en classe, mais il peut très bien avoir sa place dans des clubs, des maisons de la culture, des colonies de vacances, des centres de loisirs, des maisons de repos... Il est particulièrement adapté au théâtre d'amateurs. Il est souvent difficile de mettre au point la représentation complète d'une œuvre dramatique, faute de temps, de moyens, de métier. En revanche, on peut réaliser en quelques semaines l'exercice que nous proposons. Pour un spectacle de deux heures à deux heures trente, on peut prévoir, pour les différentes équipes, plusieurs pièces d'un même auteur (pour une matinée Molière ou une soirée Ionesco, par exemple) ou encore des œuvres dramatiques qui exploitent le même thème (le dépit amoureux — l'absurde). Il faut une vingtaine de minutes par équipe pour la présentation du conteur et l'interprétation de la scène choisie.

- Certaines répétitions, puisqu'il s'agit d'un travail par petits groupes, peuvent avoir lieu en dehors de la présence du maître, de l'animateur ou du moniteur.

EXEMPLES

1. Tartuffe de Molière.

- Entrée du conteur.

Dans une maison bourgeoise du XVIIe s., tout le monde vivait heureux. Le chef de famille, Orgon : un homme assez autoritaire mais généreux, sa femme Elmire, son fils Damis, sa fille Mariane, et Dorine, la suivante de Mariane. Un beau jour, Orgon, qui tend à devenir dévot avec excès et se rend quotidiennement à l'église, est frappé par la piété d'un habitué du lieu saint (Acte I, scène 5).

« Chaque jour, à l'église, il venait d'un air doux
Tout vis-à-vis de moi se mettre à deux genoux.
Il attirait les yeux de l'assemblée entière
Par l'ardeur dont au Ciel il poussait sa prière !
Il faisait des soupirs, de grands élancements,
Et baisait humblement la terre à tous moments ;
Et lorsque je sortais, il me devançait vite,
Pour m'aller à la porte offrir de l'eau bénite »

nous dit Orgon. Ce dévot personnage s'appelle Tartuffe ; il est, paraît-il, indigent, et Orgon est subjugué par la foi d'un tel homme et par sa générosité :

« Je lui faisais des dons ; mais avec modestie,
Il me voulait toujours en rendre une partie.
« C'est trop, me disait-il, c'est trop de la moitié ;
Je ne mérite pas de vous faire pitié » ;
Et quand je refusais de le vouloir reprendre,
Aux pauvres, à mes yeux, il allait le répandre »

déclare Orgon avec ravissement.

Ce dernier décide alors d'héberger Tartuffe dans sa propre maison. A partir de cet instant, l'ambiance familiale va être profondément perturbée. Orgon s'est littéralement « entiché » de Tartuffe ; il ne pense qu'à lui, ne vit que pour lui, lui offre, à table, les meilleurs morceaux et se désintéresse totalement de sa propre famille.

Écoutez les paroles qu'Orgon prononce au sujet de ce Tartuffe et essayez d'en mesurer toute la gravité (Acte I, scène 5) :

« C'est un homme... qui... ha !... un homme... un homme [enfin
Qui suit bien ses leçons, goûte une paix profonde,

Et comme du fumier regarde tout le monde.
Oui, je deviens tout autre avec son entretien ;
Il m'enseigne à n'avoir affection pour rien ;
De toutes amitiés il détache mon âme ;
Et je verrais mourir frère, enfants, mère et femme,
Que je m'en soucierais autant que de cela. »
(Orgon fait claquer l'ongle du pouce contre ses dents).

En fait, Tartuffe est un individu absolument ignoble : hypocrite, sans scrupule, sans morale et sans foi. Sa dévotion était pur stratagème pour s'introduire chez Orgon : lui voler sa fortune, ses biens, sa fille, sa femme... en un mot, prendre sa place.

Tout le reste de la famille réalise rapidement l'imposture de Tartuffe. Cet individu a manifesté, à plusieurs reprises, son hypocrisie et sa spéculation infâme, et l'on ne sait que faire pour éclairer Orgon. On se souvient de sa personnalité antérieure, comment a-t-il pu être subjugué à ce point par un être aussi ignoble qui, de surcroît, se moque de lui et le méprise ?

Orgon est sur le point d'accorder la main de sa fille Mariane à son ami Tartuffe qu'il veut, selon ses termes, « unir à sa famille » ; il s'était pourtant engagé envers Valère : un jeune homme aimable à tous points de vue, surtout aux yeux de Mariane. Vous pouvez imaginer le désarroi de la jeune fille car, de plus, Tartuffe est physiquement repoussant.

La ruse d'Elmire sera finalement nécessaire pour arracher Orgon à l'emprise de Tartuffe (notre homme a déjà fait des avances à Elmire ; celle-ci, après avoir invité son mari à se cacher dans la même pièce, feint de céder au désir du soi-disant saint homme).

- Regardez la scène *(interprétation de l'acte IV, scène 5)*, une des scènes les plus célèbres au cours de laquelle Orgon, caché sous une table, entend les propos, sans ambiguïté, que Tartuffe tient à Elmire.

- Retour du conteur.

Après avoir été témoin d'une telle scène, vous supposez qu'Orgon va mettre Tartuffe à la porte, sur-le-champ. Telle est, en effet, son intention, mais un certain événement va l'en empêcher... Votre propre lecture de l'œuvre de Molière vous l'apprendra.

2. *Le rhinocéros* de Ionesco[1].

Le rideau est levé. La scène représente la terrasse d'un café : deux hommes sont attablés. Ils boivent et ils miment une discussion très animée.

- Le conteur arrive et s'adresse au public :

« Mes chers amis, nous sommes dans la petite ville de... (excusez-moi, pour des raisons de sécurité, je n'ai pas le droit de vous préciser son nom). Je vous présente Jean et Bérenger (il désigne les deux hommes attablés). C'est aujourd'hui dimanche et, comme vous pouvez le constater, ils prennent l'apéritif et je tiens à vous dire que... »

(Le conteur est interrompu par la conversation de Jean et Bérenger qui se manifeste par un brouhaha : pour produire ce brouhaha, ils prononcent en même temps des mots qui leur passent par la tête et n'ont aucun lien (par exemple : pêche, violon, sirop, agneau, plume, poire, etc.). Le conteur semble très étonné. - Brusquement, dans les coulisses, un bruit étrange se fait entendre ; il s'amplifie, couvre le brouhaha des deux hommes - le conteur quitte la scène précipitamment - le bruit dans les coulisses s'amplifie encore - la scène et la salle sont plongées dans l'obscurité - le bruit se précise : c'est une sorte de galop précipité, accompagné de barrissements - lumière et silence - la scène est vide - le conteur revient affolé :

« Où est-il ? Je vous en prie, répondez-moi, où se cache-t-il ? Qui l'a vu ? - réactions diverses dans la salle - le conteur : Un rhinocéros, dites-vous, un rhinocéros !!! »

La stupéfaction du conteur est à son comble lorsqu'arrivent, sur scène, plusieurs personnes (des figurants qui peuvent être les conteurs et acteurs des autres équipes).

Parmi elles, on reconnaît Jean et Bérenger ; une femme laisse tomber son sac à provisions et serre son chat (un animal en peluche) sur sa poitrine. La conversation de ces gens est très animée ; elle se manifeste par des gestes et un brouhaha (reprendre le procédé : pêche, violon, hop, juste, pan, sirop, mer, plan...) - Bérenger s'avance et déclare :

1. Cet exemple nécessite un certain entraînement ; le conteur complète son récit par des montages sonores et visuels. Le texte du conteur et les emprunts à Ionesco sont en caractère italique. Le texte en caractère bâton correspond au montage.

« Un rhinocéros, ça fait de la poussière... un rhinocéros en liberté, ça n'est pas bien[1]. »

Le brouhaha des conversations s'amplifie — brusque obscurité et nouveau tintamarre infernal dans les coulisses : galop précipité, souffle rauque, barrissement. - Silence, lumière - La scène est vide, mais jonchée d'objets divers - La femme avec son chat réapparaît et fait comprendre par un jeu de mime que son animal est mort : il a été tué - La femme s'en va - Le conteur revient, très excité :

« Mesdames et Messieurs, je vous en prie, répondez-moi ; est-ce le même rhinocéros que le premier ? A-t-il une corne ou deux sur le nez ? - Silence - Ah ! mais oui, comment n'y avais-je pas pensé ? Il se peut que, depuis tout à l'heure, le rhinocéros ait perdu une de ses cornes. »

Obscurité pour installer, sur la scène, une chaise, une table et un téléphone - Lumière : le conteur est assis devant la table, il téléphone :

« Allô, le journal de la région ? Vous dites qu'une horde de rhinocéros envahit la ville, qu'il est impossible de les compter, qu'on ne sait même pas s'ils sont tous de la même race ; certains n'auraient qu'une corne et d'autres deux ; j'ai pris note, merci : Mesdames et Messieurs, je suis absolument bouleversé par le communiqué de presse que je viens de recevoir, et je me demande si nous sommes bien en sécurité dans cette salle. »

La voix du conteur est couverte par un tintamarre dans les coulisses (piétinement, barrissement, indicateur sonore des pompiers) - Obscurité - Apaisement - Silence - Lumière : le conteur est toujours là, il téléphone :

« Allô, Jean, vous n'êtes pas allé travailler, vous êtes souffrant ; comment ? Mais ça n'est pas possible !!! » « C'est une machination infâme[2] !!! » Entendu, j'arrive immédiatement - Mesdames et Messieurs, Jean vient de m'annoncer une nouvelle incroyable ; l'un de ses collègues de bureau, Monsieur Bœuf, s'est transformé en rhinocéros et sa femme l'a suivi ; d'autres habitants de la ville auraient été contaminés ; « la rhinocérite » nous guette, mais, je vous en prie, pas de panique, nous allons nous rendre chez Jean. »

1. 2. Termes employés par Ionesco.

Le conteur s'en va - Obscurité, pour installer le décor - Lumière : nous sommes dans la chambre de Jean : il est en pyjama, il tousse et semble malade ; on frappe à la porte.

Interprétation de l'acte II - 2e tableau, collection Folio, p. 137 : à partir de la réplique « Qu'est-ce qu'il y a » jusqu'à la fin (scène au cours de laquelle Jean, en présence de Bérenger, se métamorphose en rhinocéros). Fin de l'interprétation - Obscurité - Lumière et retour du conteur (la scène est vide) :

« *Mesdames et Messieurs, je suis heureux de vous annoncer que tous les habitants de la ville sont maintenant rhinocéros ; mais oui, vous avez bien entendu, j'ai dit : « je suis heureux ». Ces rhinocéros sont finalement des êtres fort séduisants ; quelle grâce ! quelle voix pure ! mon ami Botard me disait encore hier « qu'il faut suivre son temps*[1] » *et Dudard a ajouté « que son devoir était de suivre ses chefs et ses camarades*[2] ». *Même Daisy, la fiancée de Bérenger, a choisi de rejoindre le troupeau ; seul Bérenger n'a pas voulu être raisonnable. Mais, tenez, le voici précisément.* »

Bérenger entre en scène et le conteur se retire. Bérenger promène un regard circulaire, il hésite, fait quelques pas pour se retirer, revient et déclare enfin : « *Eh bien, tant pis ! Je me défendrai contre tout le monde... Je suis le dernier homme... Je ne capitule pas*[3] ! »

BILAN DES PROCÉDÉS

- Au stade de la préparation, la méthode de rédaction est la même que pour le récit complet ou partiel d'un roman (cf. p. 46).
- Lorsque l'on intègre au récit certaines répliques empruntées à la pièce, il est souvent nécessaire de l'indiquer au public avec précision (cf. « nous dit Orgon », p. 67, « Écoutez les paroles

1. 2. 3. Termes employés par Ionesco.

qu'Orgon prononce au sujet de ce Tartuffe, et essayez d'en mesurer toute la gravité », p. 67) car le texte dramatique a parfois une dimension rythmique qui ne lui permet pas d'être directement intégré au texte du conteur, comme nous l'avons fait pour les extraits du roman (cf. p. 59).

- La technique de la diction est la même que pour le récit du roman (cf. « Au moment où l'on dit le texte... », p. 60) mais elle doit s'accompagner d'expression corporelle : le conteur est sur la scène, face au public.
- Notre deuxième exemple, *le Rhinocéros,* complète le texte du conteur par un travail de montage (bruitage - utilisation de l'obscurité et de la lumière - personnages sur scène). Les limites de notre ouvrage ne nous permettent pas de développer ici toutes les possibilités de montage (marionnettes, diapositives, ombres chinoises, etc.) et d'expression corporelle qui peuvent enrichir le texte du conteur et le rendre essentiellement expressif, vivant, parfois poétique...

Rappelons seulement que le spectateur doit être invité à être le témoin visuel et auditif des situations évoquées par le conteur par tous les moyens suggérés par l'imagination.

EXERCICE D'ENTRAÎNEMENT

En quelques mots, mais de façon vivante, mettez en récit le début d'*Intermezzo* de Giraudoux pour introduire l'interprétation de l'acte I, scène 6 (il s'agit de la leçon d'Isabelle, en plein air, le jour de l'inspection[1]) (cf. suggestions, p. 79).

1. Il vaut mieux commencer par un texte simple, un peu élémentaire, et s'entraîner à l'interpréter de façon vivante, avant de se livrer à des exercices de montage.

7 Suggestions pour les exercices d'entraînement

1. RÉSUMÉ D'UN LIVRE EN DEUX OU TROIS LIGNES
(cf. pp. 10 - 11 - 12)

• *Bel-Ami* de Maupassant.

Georges Duroy, « Bel-Ami », fait une brillante carrière dans le journalisme grâce à son pouvoir séducteur et à sa spéculation.

• *Le vieil homme et la mer* d'Hemingway.

Un vieux marin lutte en mer plusieurs jours et plusieurs nuits pour ramener un espadon plus grand que sa barque.

• *La peau de chagrin* de Balzac.

Raphaël de Valentin est propriétaire d'un talisman : « une peau de chagrin » dont la taille diminue au rythme de ses plaisirs et de sa débauche.

• *Le père Goriot* de Balzac.

Le père Goriot s'est ruiné, puis sacrifié pour marier ses filles et les intégrer à la haute société parisienne ; jusqu'à sa mort, il est abandonné par ses filles ingrates qu'il aime encore avec passion.

• *Les misérables* de Victor Hugo.

Après le bagne, malgré la poursuite du policier Javert, Jean Valjean consacre sa vie à aider les misérables : les pauvres, les malchanceux, les mal aimés. En plusieurs circonstances, son honnêteté et sa générosité sont admirables.

2. RÉSUMÉ LONG DE « MADAME BOVARY » DE G. FLAUBERT

Après des études relativement médiocres, Charles Bovary est médecin de campagne à Tostes, près de Rouen. Il épouse alors une riche veuve âgée et acariâtre. Au cours de l'une de ses tournées, Charles s'éprend de la fille d'un gros fermier, Emma Rouault, qu'il épousera en secondes noces après la mort de sa première femme. Emma a été éduquée dans un couvent ; ses lectures, certaines cérémonies religieuses, ont grisé son imagination et avivé sa sensibilité : sa nature est essentiellement romanesque, elle n'aime pas la vie à la ferme, et espère mener une vie brillante conforme à ses rêves, en épousant le médecin Charles Bovary.

Emma est rapidement déçue par sa nouvelle vie : Charles lui semble rustre, le village de Tostes est terne, le couple mène une vie très banale. Les Bovary sont invités à une soirée dans un château ; Emma est séduite par le luxe, le brio, le raffinement de la fête ; elle supporte de plus en plus difficilement la platitude de sa vie quotidienne. Le couple déménage alors à Yonville ; Emma y trouve peu de changement : là aussi tout est médiocre, routinier, sans éclat ; les notables du lieu : Homais, le pharmacien, Binet, le percepteur, sont dépourvus de personnalité.

Emma se laisse distraire éphémèrement par une aventure platonique avec un jeune clerc de notaire : Léon Dupuis, puis elle devient la maîtresse d'un hobereau : Rodolphe Boulanger ; elle vit alors une période d'exaltation, mais ses excès lassent Rodolphe ; il la quitte. Emma cherche à s'étourdir ; à Rouen, elle retrouve Léon, le jeune clerc et devient sa maîtresse, mais il se détache d'elle rapidement. L'imagination d'Emma s'égare de plus en plus, elle se livre à des extravagances, s'endette pour se lancer dans de folles dépenses. Les biens des Bovary sont saisis ; Emma se sent persécutée par la vie : elle ne trouve satisfaction ni dans son rôle de mère (elle a une petite fille), ni dans sa fonction d'épouse. Elle vole de l'arsenic au pharmacien Homais ; elle s'empoisonne et meurt dans d'horribles souffrances.

3. STRUCTURE DE L'ANALYSE DU PERSONNAGE DE PHÈDRE DE RACINE

1. *Rappeler l'atavisme et les dimensions tragiques du personnage :*

- par ses nobles origines - la légende de ses ancêtres,
- la fatalité dont elle dépend sous le signe du sang, des amours défendues ou maudites, de la mort.

2. *Caractériser et démontrer, par des références au texte, les multiples visages de la femme passionnée.*

(La passion de Phèdre pour Hippolyte détermine toute sa personne et toute sa vie, mais elle a des manifestations variées.)

- Les répercussions physiques de la passion : Phèdre a l'impression d'étouffer dans son palais : cf. les manifestations de son dérèglement sensoriel lorsqu'elle est en présence d'Hippolyte - l'obsession perturbe son système nerveux.
- L'emprise de la passion sur son imagination : cf. ses cauchemars, ses hallucinations, ses divagations, ses rêves.
- Le rôle de la passion sur sa pensée : cf. les stratagèmes et les plans prévus par Phèdre pour conquérir Hippolyte après l'échec de l'acte II, scène 5.
- Sa passion pour Hippolyte détermine toute sa vie affective : elle est tour à tour dominée par l'espoir, la jalousie, l'épouvante, le mal de la persécution, la solitude.
- La passion dirige sa vie morale : elle se manifeste d'abord par l'absence de tout scrupule, la perversité, puis le remord et enfin la pénitence.

4. PLAN D'UN EXPOSÉ ORAL SUR « L'HUILE SUR LE FEU » D'HERVÉ BAZIN

I. Évocation de l'écrivain et de ses principales œuvres.
II. Présentation du contenu de l'ouvrage (écrire, éventuellement au tableau, le nom des personnages principaux).
III. Présentation des thèmes que l'on va analyser.
  A. « La personnalité de Colu ».
  B. « Le personnage de Céline ».
  C. « L'évolution et la structure de l'intrigue ».

A. La personnalité de Colu : le pompier et le héros - le père le mari - l'obsédé et le pyromane.
Un personnage complexe : est-il responsable ?
B. Le personnage de Céline : la narratrice du roman - le témoin - la victime - ses rapports avec son père - une adolescente marginale aux dimensions essentiellement romanesques.
C. L'évolution et la structure de l'intrigue : elle est psychologique par les révélations successives sur la personnalité de Colu. Elle évolue comme une enquête policière : cf. les incendies successifs puis les faits qui nous dévoilent progressivement leurs origines et le nom de l'incendiaire.

IV. Expression du jugement personnel et invitation au débat : par exemple, « le rôle du feu dans la vie de l'homme ».

5. EXPRESSION DU JUGEMENT PERSONNEL APRÈS LA LECTURE DE « L'ASSOMMOIR » DE ZOLA

Gervaise restera pour moi un personnage inoubliable ; je ne l'ai pourtant rencontrée nulle part ailleurs que dans le roman de Zola ; je crois qu'elle représente l'ouvrière de son époque, peut-être plus précisément la blanchisseuse, et il n'y a plus de blanchisseuse aujourd'hui.

La déchéance par atavisme et par misère existe encore, mais elle se manifeste différemment ; l'atavisme est peut-être moins important qu'autrefois : les enfants d'alcooliques sont davantage aidés médicalement pour réagir et se désintoxiquer ; la prostitution de mère en fille est moins fréquente, car on est, actuellement, un peu moins tributaire de son milieu. En revanche, les remèdes contre la misère sont aussi dégradants et fatals : tabac, drogue, et toujours l'alcool (que l'on boit peut-être maintenant plus volontiers chez soi qu'au café).

Je n'aime pas imaginer Gervaise « la pocharde » ; je voudrais garder seulement le souvenir de Gervaise, la blonde au cœur faible mais généreux, Gervaise radieuse lorsqu'elle apporte l'oie rôtie.

Je n'ai pas aimé les autres personnages de *L'assommoir.* Ce réalisme outré de Zola (cf. les scènes où Lalie est torturée par son père) me semble déplacé dans le cadre de ce roman.

Pour servir son idéal romanesque, sa technique naturaliste, Zola fait parfois des fautes de goût.

6. COMMENTAIRE DES PROCÉDÉS POUR LA MISE EN RÉCIT DE « L'ASSOMMOIR » DE ZOLA (cf. p. 48)

- *Le texte de l'auteur* est étroitement et directement mêlé au récit : p. 49 - Regardez l'Assommoir, « l'enseigne porte en longues lettres... » - Il est mis au présent - Il est largement utilisé lorsqu'il s'agit d'un moment important du livre (cf., p. 49, la description de l'Assommoir du Père Colombe et p. 51 la fête de Gervaise).
- *Les personnages* sont essentiellement vivants : ils sont évoqués par une attitude précise à un instant déterminé : p. 48 - Gervaise est « accoudée à une fenêtre de l'hôtel Boncœur » - par une action précise : p. 48 - « Gervaise va au lavoir pour laver les chemises des petits ». Ils ne sont pas décrits longuement, mais leur personnalité est déterminée par quelques traits caractéristiques : p. 48 - « Elle est jolie, Gervaise, une belle blonde à la peau rosée et aux hanches un peu rondes ; elle est jolie mais elle tire légèrement la jambe... ». Ils s'expriment au style direct emprunté à l'auteur : p. 48 - « Où j'avais affaire... Fiche-moi la paix ». Les sentiments qui les animent sont communiqués avec réalisme, avec émotion : p. 49 - Gervaise hésite à se mettre en ménage...
- *La description,* lorsqu'elle s'intègre au récit (qu'elle soit empruntée à l'auteur du livre ou inventée par le conteur), doit avoir une dimension visionnaire - cf. la description de l'Assommoir - ou très réaliste - cf., p. 51, le repas de la fête de Gervaise.

- *L'action* évolue dans le lieu et dans le temps avec précision mais elle n'a pas une progression trop stricte : cf., p. 48, l'hôtel Boncœur - p. 49, l'Assommoir - p. 50 - Elles sont allées voir travailler Coupeau sur un toit - ; p. 51. Ce jour-là... tard dans la nuit... un peu plus tard... - p. 50, pendant quatre ans...
- *Le texte est largement ponctué* et de façon variée.
- *La répétition* marque l'insistance sur certains traits et rythme le récit : p. 48. Elle est jolie, Gervaise... elle est jolie mais... - p. 52, mais Lantier reviendra ; il reviendra.
- *Le lecteur ou l'auditeur est considéré comme témoin des scènes les plus importantes :* p. 49 « Regardez l'Assommoir » - p. 51 : Nous approchons du 19 juin - p. 53 : et si vous la voyiez boiter.

7. INTERRUPTIONS POSSIBLES POUR UN RÉCIT PARTIEL DE « L'ASSOMMOIR » DE ZOLA (cf. p. 48)

Un jour, c'est l'accident : Gervaise et Nana sont allées voir... - cf. p. 50 - : Pourtant, tout n'est pas perdu...

Ces brusques arrêts doivent naturellement être suivis d'une phrase qui invite à la lecture, du type : « Je parie que vous brûlez d'envie de connaître les détails de cet accident et ses conséquences, et que, dès ce soir, vous lirez vous-même *L'assommoir* », ou encore : « Pourtant, tout n'est pas perdu... et je vous invite à découvrir, vous-même, l'avenir de Gervaise et Coupeau en lisant *L'assommoir.* »

8. SUGGESTIONS DE SLOGANS (cf. pp. 20-25-35)

- *Le chien jaune* de Georges Simenon.

Un meurtre est commis. D'autres tentatives vont lui succéder. A chaque alerte, rôde un mystérieux chien jaune.

• *La dentellière* de Pascal Lainé.

Une histoire d'amour entre une coiffeuse, « Pomme », et un faux noble, « Aimery de Beligné ». Leur aventure se termine dans un hôpital psychiatrique.

• *Le désert des Tartares* de Dino Buzzati.

Pendant des années, le lieutenant Drogo attend dans le fort Bastiani, situé aux confins du désert des Tartares, l'assaut de l'ennemi qui doit exalter sa vie. Ce jour arrive enfin...

• *Le procès* de Kafka.

Pourquoi Joseph K. est-il arrêté le jour de ses trente ans ? Pourquoi va-t-il continuer à se rendre à son travail ? Pourquoi est-il convoqué au tribunal le dimanche ? Mais qui est donc Joseph K. ?

9. SUGGESTIONS POUR LE TEXTE DU CONTEUR INTRODUISANT LA SCÈNE 6 DE L'ACTE I D'« INTERMEZZO » DE JEAN GIRAUDOUX (cf. p. 72)

Une petite ville du Limousin est troublée, depuis quelque temps, par d'étranges phénomènes : on signale la présence d'un spectre, et il paraît qu'Isabelle, une jeune institutrice, va le rejoindre chaque soir. Les notables du bourg sont en émoi ; il faut prévenir l'inspecteur d'académie, il faut chasser « le surnaturel ». Monsieur l'Inspecteur vient tout spécialement de Limoges, pour enquêter et régler cette affaire. Le maire, le droguiste, le contrôleur des poids et mesures l'accompagnent pour assister à l'inspection d'Isabelle. L'institutrice fait ses cours en plein air et la leçon a lieu dans une magnifique prairie. Assistons à la scène.

Après la représentation de la scène, vous pourrez revenir pour « faire vivre », par votre récit, la suite d'*Intermezzo* jusqu'au dénouement.

Nous faisons confiance maintenant à votre imagination.

COLLECTION PROFIL

dirigée par Georges Décote

Profil d'une Œuvre - Série Littéraire

Analyse critique d'un ouvrage marquant de la littérature française ou étrangère : contexte, résumé, personnages et thèmes, art de l'écrivain et portée de l'œuvre.

24 **Anouilh,** Antigone
25 **Apollinaire,** Alcools
48 **Aragon,** Le cycle d'Elsa
51 **Artaud,** Le théâtre et son double
41 **Balzac,** Le Père Goriot
64 **Balzac,** La comédie humaine
21 **Baudelaire,** Les fleurs du mal
16 **Beckett,** En attendant Godot
52 **Brel,** Chansons
36 **Breton,** Nadja
26 **Butor,** La modification
40 **Buzzati,** Le désert des Tartares
1 **Camus,** La chute
13 **Camus,** L'étranger
22 **Camus,** La peste
47 **Camus,** Les justes
56 **Camus,** L'homme révolté
53 **Céline,** Voyage au bout de la nuit
63 **Césaire,** Cahier d'un retour au pays natal
37 **Claudel,** L'annonce faite à Marie
33 **Diderot,** Le neveu de Rameau
11 **Dostoïevski,** Crime et châtiment
19 **Flaubert,** Madame Bovary
58 **De Gaulle,** Mémoires de guerre
5 **Gide,** Les faux-monnayeurs
17 **Giraudoux,** La guerre de Troie n'aura pas lieu
2 **Ionesco,** Rhinocéros
32 **Ionesco,** Le roi se meurt
23 **Kafka,** Le procès
43 **Laclos,** Les liaisons dangereuses
4 **Malraux,** L'espoir
12 **Malraux,** La condition humaine
29 **Maupassant,** Bel-Ami
9 **Mauriac,** Thérèse Desqueyroux
49 **Molière,** Dom Juan
60 **Molière,** Tartuffe
65 **Montaigne,** Essais
3 **Montherlant,** La reine morte
27 **Musset,** Lorenzaccio
54 **Oyono,** Une vie de boy
42 **Pascal,** Les pensées
14 **Pirandello,** Chacun sa vérité
28 **Prévert,** Paroles
6 **Prévost (Abbé),** Manon Lescaut
62 **Rabelais,** Pantagruel et Gargantua
39 **Racine,** Phèdre
59 **Ramuz,** La grande peur dans la montagne
55 **Rimbaud,** Poésies
38 **Robbe-Grillet,** Les gommes
61 **Rousseau,** Rêveries
15 **Sartre,** Le diable et le Bon Dieu
18 **Sartre,** La nausée
31 **Sartre,** Huis clos
20 **Stendhal,** Le rouge et le noir
44 **Stendhal,** La chartreuse de Parme
45/46 **Vian,** L'écume des jours
34 **Voltaire,** Candide
8 **Zola,** Germinal
35 **Zola,** L'assommoir

Imprimé en France par MAURY-IMPRIMEUR S.A. – 45330 Malesherbes
N° d'édition : 5196 – ISBN : 2.218.03953.2
N° d'impression : B79/6712 – Dépôt légal : 1er trimestre 1979